# 現代史の中の安倍政権

渡辺 治

## 憲法・戦争法をめぐる攻防

かもがわ出版

# はしがき

二〇一五年九月一九日安倍政権は、戦争法案を強行可決した。

だが、反対運動は安倍首相の予想をはるかに上回って昂揚し、政権を追い詰めた。戦争法案反対という一点で、それまでどうしても実現しなかった諸団体・個人の共同がつくられ、その共同に励まされ、かつてない数の市民が立ち上がった。その確信を踏まえて、強行採決当日午後には、共産党が戦争法廃止の連合政府の提案を打ち出し、戦争法廃止を求める声は依然収まっていない。戦争法反対をめぐる対抗は第二ラウンドに入った。

本書は、安倍政権がその政治の中心にすえた戦争法に焦点をあてることにより、歴代政権と比べても際立つ、安倍政権の特異な性格、安倍首相が戦争法に込めた狙い、大規模な反対運動をもたらした要因など、安倍政治の特徴を明らかにすることをめざした。とくに重視したのは、安倍政権、戦争法を、七〇年にわたる戦後史の長い攻防の歴史の中において検討することで、安倍政権のもつ歴史的位置を浮き彫りにしようと努めたことである。本書の題を『現代史の中の安倍政権』としたのは、そうした意図からである。

## 安倍政権はなぜかくも戦争法に執念を燃やしたのか

本書において、筆者は、大きく四つの問いを検討した。

第一の問いは、安倍政権はなぜかくも戦争法の制定に執念を燃やしたのか、という問いである。本文でも指摘したように、安倍政権になって以降にわかに集団的自衛権行使容認が問題として浮上したため、集団的自衛権、戦争法は安倍首相が言い出しっぺと考えている人が少なくない。しかし、集団的自衛権にせよ、戦争法に書き込まれた法案の中味にせよ、決して安倍が言い出したことではない。それは、少なくとも冷戦後二五年にわたりアメリカが日本に求め歴代内閣もその実現に力を入れながら完成できなかった課題であった。安倍首相の特異性は、この長年の懸案を兇暴に解決しようとした点にこそあるのである。

では一体安倍政権は、集団的自衛権と戦争法に、なぜかかる執念をもって取り組んだのであろうか。それが第一の問いである。

本書では、その理由を、安倍が歴代首相のもたなかったある野望、すなわち日本を大国、それも軍事大国に復活させたいという野望を抱懐していることに求めた。この大国化への野望が、一方で戦争法制定に邁進しながら、同時に原発輸出をねらう「地球儀俯瞰外交」への執着、原発の再稼働、ＴＰＰに執念を燃やす安倍政治の特質をもたらしていることに注目した。

ここで、大国への野望という点にかかわって、付随的にもう一つの問いが出てくる。安倍首相はなぜ歴史の修正・改竄《かいざん》に熱意を燃やすのかという問いである。〝そんなことはあたりまえだ、それは安倍首相が復古的イデオロギーにとりつかれているからに決まっている〟という答えが返ってきそうだが、ことはそう簡単ではない。安倍のめざす「大国」は戦前の軍事大国とは著しく異なる現代の大国、グローバル企業の繁栄に支えられその繁栄を支援する大国だからだ。軍事大国化の焦点が単独の軍拡ではなく「集団的自衛権」すなわちアメリカの戦争・介入への加担に置かれていることは、めざす大国の性格を象徴している。そこで、この問いはこう言い直せる。安倍首相はグローバル競争大国をめざしながら、なぜ世界とくにアジア諸国の警戒心をかきたてるような歴史修正主義に固執するのか、という問いである。

本書の第Ⅰ部「第一章　安倍政権とは何か？　なぜ集団的自衛権に固執するのか？」では、こうした問いに答えようとした。

## 戦争法案のねらいは何か

第二の問いは、では安倍政権が執念をもって大国化の焦点にすえた戦争法とはいかなる狙いをもち日本の進路にいかなる危険をもたらすのであろうか、という問いである。

ここで、そもそも本書が「戦争法」という言葉を使っていることについて一言述べておきたい。この法案について、政府は、「平和安全法制整備法」「国際平和支援法」と命名し、他方反対運動の側では、「戦争法」と名づけ、マスコミでは「安保関連法」「安保法制」と呼んでいる。安倍首相は、「戦争法」という名称をことのほか嫌悪し、ことある毎に「レッテル貼り」と罵倒してきた。

筆者は、二つの理由から「戦争法」という形で二つの法案を呼ぶことが適切ではないかと考えている。

一つは、この呼び方が今度の二法案、——厳密に言うと「平和安全整備法」の方は一〇本の法律の一括改正であるから一一本の法律ということになるが——の本質を正確に示しているからである。この法律は、アメリカの戦争に全面的に加担する体制をつくる法制である点、さらに戦場における後方支援も含め、自衛隊が海外で戦争することを根拠づける法制という、二重の意味で戦争法というのがふさわしい。

二つ目の理由は、この法案をめぐる対抗は、日本の進路の転換をめぐる対決を孕んでいるが、その対決が法案の名称をめぐっても争われ、呼び方自身が政治対抗の焦点となったからだ。

二〇一五年四月一日の参院予算委員会での福島瑞穂議員の安倍首相に対する質問中、福島議員が「戦争法」という言葉を使ったことに安倍首相が「レッテルを貼って、議論を矮小化していくことは断じて甘受できない」と反論、これを受けて自民党が発言を問題視し、一七日になって議事録の修正を要求した。それに対し福島はブログでこう答えているが、問題の本質をついたものであった。「そもそも、ある法案をどう見るかということが、政治の思想信条に基づくきわめて重要な点です。戦争法案と位置づけ批判をしたり、議論したりすることが大変重要です。」と。

もちろん実際の個々の法案の検討の場合には、「戦争法」という名称だけでは不十分であるが、それは、「平和安全整備法」と呼ぼうが「安保関連法」と呼ぼうが同じである。これは安倍首相や自民党が口をきわめて非難するようなレッテル貼りではない。法案に対する態度が問われているのである。

では、こうした法案の狙いは何か。その問いに答えるうえで、筆者は、政府がこの法案を出してくるまでには、冷戦後の長い自衛隊派兵の試みとくに政府解釈による制約突破の試みとそれに対抗する運動の攻防があったことを見ることが必要であると考え、比較的くわしく戦争法案登場に至る歴史的背景の検討をおこなった。それにより戦争法に込められた狙い、それがどんな限界突破をはかったものであるか、そもそも憲法九条が課した自衛隊に対する制約がいかに強いものであり、その打破がいかに切実であったかを明らかにした。

ここであらためて強調したかったのは、憲法九条は死んでもいないし空洞化してもいないことであった。戦争法の第一のねらいは、こうした自衛隊に対する憲法上の制約打破にあったからである。しかも政府は、戦争法にいたってなお九条の規範に縛られて「集団的自衛権行使の限定容認」に止まらざるを得なかった。これは重大な九条の蹂躙《じゅうりん》であるが、なお九条の規範性は生きておりまたその回復を目指すたたかいが続いているのである。

戦争法強行のあと、九条は死んだという言説が登場した。「ノーベル平和賞の有力候補と噂された『憲法九条を保持している日本国民』と『九条の会』は受賞を逃した。だが、集団的自衛権の行使も容認する九条の惨状に思いをいたせば、そもそも平和賞に値するのか」[1]と。こうした言説は、一体今度の戦争法案反対運動の盛り上がり、また戦争法廃止の運動を何だと思っているのであろうか。こうした言説の致命的な誤りを知るためにも、今なぜ戦争法案？という問いをあらためて考えたい。

この問いについては、第Ⅰ部第一章をふまえて、「第二章　安倍政権の戦争法案と国民的共同のたたかい」で検討した。また第Ⅱ部の「第三章　日本国憲法をめぐる攻防の七〇年」でも別の角度から検討した。

## 戦後日本はいかなる岐路にあるのか

戦争法の成否は日本の転換点だと言われ、また筆者もくり返し、日本は岐路に立っていると語ってきた。第三の問いは、戦争法の制定は、戦後日本の歩みにいかなる転換をもたらすのか、いかなる意味での岐路なのかという問いである。

本書で筆者は、戦争法の制定が、一九五〇年代初頭以来アメリカと保守政権が追求してきた日米安保体制の到達点――改憲の試みの頂点である面と、国民の運動により六〇年代以来自民党政権の下でつくられてきた「戦後」の特異な体制――安保と自衛隊は維持・肥大化しながらその自衛隊が海外で武力行使することは抑制するという体制――の根本的転換という二つの側面をもっていることを明らかにした。その意味から現在は、戦後史の二重の岐路にあると言える。この岐路を「憲法」と「戦後」という点から歴史的にふり返ることで、この問いに答えようとしたのが、「第Ⅱ部　歴史をふり返る―戦後史の中の戦争法」の「第三章　日本国憲法をめぐる攻防の七〇年」と「第四章　戦後日本の岐路で何をなすべきか」である。

## 戦争法案反対運動はなぜ未曾有の昂揚をもたらしたのか

そして、第四の問いは、ではなぜ戦争法案に対して、政府の予想を上回るような反対の声が起こったのであろうか、という問いである。

筆者は、その理由を、総がかり行動実行委員会という形で共同がつくられたことが民主党、共産党、社民党、生活の党の共同を促し、それが草の根からの市民の参加の場をつくったこと、また、国民の中に根強く生きている「平和」の声と「民主主義」「立憲主義の擁護」の声が合流したことに求めた。多くの論者は、「立憲主義」「民主主義」の重要性をあげているが、「戦争する国」への拒否の強さ、これが安倍政権の立憲主義蹂躙を引き起こし、「平和」の声と「立憲主義擁護」の声の合流が起こったことを見逃してはならない。

戦後七〇年ということで多くのマスコミが世論調査をおこなった。たとえば、NHKは、二〇一四年一一月に「戦後70年に関する意識調査」をおこない、「戦後」をイメージする言葉を尋ねた。答えは「混乱」「繁栄」など他の言葉を引き離して「平和」であった。また戦後七〇年でどんな社会を築いてきたか、一一の選択肢から三つ選ぶ問いに対し「戦争のない平和な社会」が何と八七％、「経済的に豊かな社会」（五一％）をこれまた引き離して断トツトップを占め、さらに注目されるのは、「今後日本が最も大切にしたい社会とは」という問いに対し、これまた「戦争のない平和な社会」が他を引き離してトップを占めた[2]のである。

こうした世論は決して放っておいてつくられたものではない。幾多の欠陥をもちつつ、憲法を擁護する運動が、海外での戦争を阻み続けた結果、この声が根強く定着したのである。この声が、戦争法上程という事態に、潜在的な世論調査の声から飛び出して、国会前、そして全国一〇〇〇カ所を上回る行動として声をあげた、これが戦争法案反対運動であった。

この問いを、「第Ⅲ部　岐路に立つ日本」に収録した「第五章　戦争法案反対運動の到達点と『戦争する国』づくり阻止の展望」で検討した。

いま、安倍政権は、戦争法反対の声にたじたじとなり、当面経済に逃げ国民の怒りをそらしながら、戦争法の実施と、参院選の結果次第ではあわよくば明文改憲に歩をすすめようとしている。

それに対し、戦争法案反対運動に立ち上がった側は、戦争法廃止を一致点にして共同をさらに強化しつつある。安倍政権と運動側の攻防は、第二幕に入った。

本書は、第二次安倍政権が、政府の長年堅持してきた憲法解釈を改変し集団的自衛権行使を容認した二〇一四年七月から戦争法案を国会に提出、強行するに至った一年数カ月の間に書いた論文やインタビューから五本をとり出して編集した論文集である。文字通り、安倍政権の戦争法との対決の同時進行の産物である。

本書を読まれ、読者が、戦争法推進と反対の攻防第一幕からの教訓をつかみ取り、第二幕に立ち向かう何かを得ていただければ幸いである。

なお、文中敬称を略させていただいた。ご寛恕を乞う。

【注】

1　東京新聞、二〇一五年一〇月一四日付け「平和のための新九条論」。

2　「世論調査で見る日本人の『戦後』」、NHK放送文化研究所『放送研究と調査』二〇一五年八月号、所収、二頁以下。

# 現代史の中の安倍政権——憲法・戦争法をめぐる攻防◉もくじ

装幀　上野かおる

# 第Ⅰ部　安倍政権・戦争法案への道

# 第一章　安倍政権とは何か？　なぜ集団的自衛権行使に固執するのか？

（二〇一四年七月稿）

## はじめに

安倍政権の登場以来、集団的自衛権行使容認論がにわかに登場したため、国民の中には、集団的自衛権も「戦争する国」づくりも、安倍首相の時代錯誤な個人的思いつきと捉える見方が強くある。しかし、これは全くの誤りである。集団的自衛権、アメリカの戦争に全面的に加担する体制をつくれという要請は、決して安倍首相の思いつきではない。安倍首相は集団的自衛権の言い出しっぺではない。それは、冷戦が終焉した九〇年代初頭以来アメリカが一貫して日本にその実現を求めてきた宿願なのである。

安倍首相は戦争法案の必要性を安全保障環境の激変つまり中国の脅威に求め、「中国の軍事拡大を抑止するには日米同盟を強化してアメリカを助けなければ、いざというときアメリカに守ってもらえない」と繰り返しているが、アメリカの要請は、中国が軍事大国として台頭するはるか前からの要求なのである。だから、安倍首相のこうした理屈づけは、あとからとってつけたものに他ならない。

しかし、アメリカの戦争に人的にも加担しろ、集団的自衛権を行使できるようにしろ、というアメリカの度重なる要請、圧力に、日本政府は応ずることはできなかった。憲法と政府の解釈がそれを阻んでいたからである。そこで、九〇年代初頭以来歴代政権は、何とかその圧力に応えるべく、アメリカの要請に応えての自衛隊の海外出動につとめてきたが、結論的に言うとその要請に完全に応えることはできなかった。安倍首相は、そのアメリカの四半世紀にわたる要求に応えようとしているのである。

安倍政権の特異性、真の危険性は集団的自衛権の言い出しっぺである点にではなく、その宿願を強行しようという点にあるのである。

では歴代政権は、なぜアメリカの強い圧力に応えることができなかったのか。それはひとえに、国民の反撃を怖れたからにほかならない。ところが安倍首相は今、その火中の栗を拾おうとしている。なぜか。

実は安倍首相は、他の歴代首相と異なる野望をもっているからである。それは、戦後日本をアジアで中国と肩を並べる大国に復活させたいという野望である。だから、安倍政権は、国民の懸念を押し切ってでも、集団的自衛権、「戦争する国」づくりを、アメリカの圧力に応えるという受動的理由からでなく「自発的に」強行しようとしていると考えられるのである。

そこで、本章では、まず、安倍政権とはどんな政権なのかを明らかにし、そのうえで、九〇年代以降、アメリカの圧力に歴代政権がいかに応えようとしてきたかをふり返り、安倍政権の歴史的位置を浮き彫りにしようと思う。そのうえで、安倍政権による軍事大国化の構想の全体像とその中で特別の位置を占める集団的自衛権行使容認論への憲法解釈改変への道を垣間見よう。

## 一　安倍政権とは何か

### 1　政権の矛盾する二つの顔

安倍政権の特異な性格を考える手始めに、安倍政権が一見矛盾する二つの相反する顔を持っていることに注目したいと思う。

#### 保守支配層待望の政権

第一の顔は、安倍政権が、九〇年代初頭以来、保守支配層やアメリカが一貫してその実現をめざしながら、なおその完成をみていない、二つの課題を自覚的に遂行することをめざしている政権だという特徴である。一つは、自衛隊の海外派兵を中心とする対米従属下の日米同盟強化、もう一つが、大企業の競争力強化をめざす新自由主義改革である。

### アメリカの「ともに血を流せ」という圧力

九〇年代初頭の冷戦終焉により世界の政治経済は、激変した。冷戦の間、二つに分かれていた経済圏が、「自由」市場に統一され、アメリカや日本の企業が世界を股にかけて「活躍」できる市場が世界に拡大し、グローバル経済の時代に入った。ソ連・東欧圏が崩壊し六億人の自由市場が現出した。何よりグローバル企業に魅力だったのは中国の市場経済への移行により、一三億人の市場が新たに登場したことである。アメリカが冷戦を通じて求めてきた「世界」ができあがったのである。しかし、この新たな「世界」は、グローバル企業には旨みも大きい代わりに、危険な「世界」でもあった。イラクや北朝鮮のように、アメリカの求める「自由な」市場に歯向かう独裁政権「ならず者国家」があった。またグローバル企業の進出で地域の伝統的くらし、地場産業を壊されることに対する民衆の反発を源として反米を掲げるイスラム原理主義などの運動もグローバル企業には大きな危険であった。しかも新たな地域では、インドとパキスタン、南北朝鮮のようにいつ戦争が火を噴くかわからない地域もあった。

この新たな世界の唯一の盟主となったアメリカは、自由な市場秩序の維持・拡大を図る警察官として名乗りを上げた。くわしいことはここでは省略する[1]が、冷戦後のアメリカの新戦略は、こうして、力によって新たに拡大した自由な市場を維持・拡大する戦略となったのである。クリントン政権の国家安全保障担当補佐官であったアンソニー・レイクがおこなった次の演説は、アメリカの新戦略を的確に表明するものであった。「冷戦の間、われわれは、市場民主主義諸国に対するグローバルな脅威を封じ込めた。今や、われわれは、市場民主主義の広がりを、さらに拡張すべきである。封じ込め戦略の後を継ぐのは、拡張の戦略、市場民主主義諸国の自由世界共同体の拡張戦略でなければならない」(傍点引用者)[2]。

しかし、アメリカは、世界の警察官を単独で引き受けることを拒否し、日本にも、「ともに血を流せ」という圧力をかけてきたのである。アメリカの青年の血を流して、アメリカ企業の活動の安全と特権を守ることにやぶさかではないが、その安定した秩序の下に日本企業が展開することは許せない。当時、アメリカ経済の最大の「敵」は、躍進する日本経済であった。拡大した世界で日本企業が甘い汁を吸いたいのなら、「ともに血を流せ」というわけである。「ただ乗りは許さない」が合い言葉となった。

アメリカは、湾岸危機を機に、日本に対し、カネだけでなく「ともに汗も血も流せ」という、強い圧力を加えるに至ったのである。

一九八〇年代後半から海外展開を本格化し、冷戦終焉以降、それを加速化していた日本の多国籍企業、その意を体した財界も、自民党政権に対し、自衛隊の派兵による対米貢献、「国際貢献」を求めた。アメリカの軍事力に守ってもらうには自衛隊による対米支援は不可欠であったからだ。

しかし、当時日本政府は、こうしたアメリカの要求を受け入れることはできなかった。憲法九条とその下で活動を制約された自衛隊は、「ともに血を流す」つまり海外で武力行使するどころか、海外に出動することさえできなかったからである。そのためには、自衛隊の諸活動、とりわけ海外への出動、武力行使を縛っていた九条の改変が不可欠となったのである。保守支配層の追求する第一の課題は、改憲による自衛隊の海外派兵、日米同盟強化となった。

しかし、この課題は、戦後日本国民が強く保持してきた、戦争に対する忌避意識と衝突することが不可避であり、大きな反対に直面する可能性があった。そのため、九〇年以降の歴代政権は、この課題の実行を求められながら、決して好んで実行に移すことはなかった。

それでも、一九九六年に成立した橋本龍太郎政権は、アメリカの要請にしたがう努力をおこなった。まず九六年、日米安保共同宣言を発表して日米安保のグローバル化を宣言し、九七年には日米防衛協力のガイドラインを改定し、周辺事態法の制定に取りかかった。二〇〇一年に成立した小泉純一郎政権は、九・一一テロ事件を機に、アメリカの強い要請を受けて、ついに、自衛隊をインド洋海域に派遣し、さらに二〇〇三年のアメリカのイラク侵攻を支持し、〇四年にはイラクに自衛隊派兵を強行した。

しかし、これらの政権といえども、アメリカの切望する自衛隊の海外での武力行使を実現するには至らなかった。また、たとえ「後方支援」という形での武力行使にわたらない海外出動ですら、大きな制約があった。

第一次安倍政権は、この限界を突破すべく歴代政権で初めて「任期中の憲法改正」を掲げた点で「画期的な」政権であったが、その企図も、改憲反対の運動の昂揚であえなく挫折したのである。

第二次安倍政権は、不退転の決意で、自衛隊の海外での武力行使、日米共同作戦態勢の完成をめざしている。政権復帰後、安倍政権は、精力的に集団的自衛権行使容認をめざして安保法制懇を再開したほか、防衛計画の大綱再改訂、国家安全保障戦略、秘密保護法、武器輸出三原則の廃棄を矢継ぎ早に強行し、さらに明文改憲まで志向、改憲手続法改正が国会に出された。

## 新自由主義改革

第二の課題は、同じく冷戦終焉を機に登場した新自由主義改革という課題である。

冷戦終焉と経済のグローバル化の下で多国籍企業間の世界的規模での「大競争」が激化する中、各国政府は自国の大企業の競争力を強化するために既存の政治・経済システムを大規模に変える、新自由主義改革を本格化させた。自国経済の発展は自国多国籍企業の競争力強化による繁栄以外にはないと判断したからである。

日本でも新自由主義改革が大きな課題として浮上した。しかし、改革で犠牲になる、地域の中小企業や農業、地場産業を支持基盤としてきた自民党政権には自らの足を食うような改革であるため、歴代政権は、軍事大国化以上に消極的であった。

ここでも橋本政権は、財界の強い期待を受けて、「六大改革」の名の下、新自由主義改革に踏み切ったのである。橋本政権は、大企業の負担軽減の財源確保のため消費税引き上げも断行した。

これが国民の怒りを買って橋本政権はあっけなく崩壊したが、小泉政権が、急進的新自由主義政権として構造改革を強行した。おかげで日本のグローバル企業の競争力は上がったが、小泉政権以降、新自由主義・構造改革の矛盾が顕在化する中で歴代自民党政権は新自由主義改革の強行ができなくなり、逆に、新自由主義の弊害の是正を標榜して登場した民主党鳩山由紀夫政権の誕生で、構造改革は停滞を余儀なくされたのである。財界の圧力を受けて、菅直人政権、野田佳彦政権は、新自由主義改革に復帰し、その再起動に乗りだしたが、民主党政権に構造改革の是正を期待した国民の不信を買って政治力を失い財界の苛立ちは増した。

ところが、ここでも、第二次安倍政権は、「アベノミクス」を掲げて、新自由主義改革の本格的な再稼働に踏み切ったのである。この領域で安倍政権のおこなっている政治はすさまじいものがある。

大企業の負担軽減のためには、財政の削減、とりわけ社会保障費削減が第一であるが、安倍政権は、生活保護法改悪、医療介護総合推進法などを、二〇一四年通常国会に提出し社会保障費の削減に乗りだしている。大企業の労働者の賃金削減のため、非正規雇用労働者を固定化させる労働法制改革、法人税引き下げとその代替財源確保のための消費税引き上げ、そしてTPPなど安倍政権は矢継ぎ早に、改革を強行している。

いずれの柱をとっても、安倍政権は、アメリカや保守支配層待望の政権と言える。

## 支配階級の眉をひそめる政権

しかし、安倍政権がこうした顔だけであれば、安倍政権は、内外でこれほど話題を呼ぶことはなかったであろう。

もう一つの顔こそ、安倍政権が世界に話題を提供しているものである。それは靖国参拝、慰安婦や侵略戦争の歴史などを正当化しようとする執拗な歴史修正主義の動きにみられるように、アメリカや保守支配層も眉をひそめる政権という顔である。

象徴的なのは、二〇一三年一二月二六日の安倍首相の靖国神社参拝である。参拝については、以前から、中国、韓国が警告を発していただけでなく、オバマ政権もさまざまなルートで、参拝しないよう働きかけていたのを押し切っての参拝であった。多数のグローバル企業が中国に進出している財界も、この問題に関しては、安倍政権の動きを憂慮していた。この面では、安倍政権は保守支配層の嫌がることを強行する政権と言える。

しかし、ここで注意しなければならないのは、安倍政権の性格を判断する際に、この後者だけを過大評価してたんなるタカ派の、復古的政権と見ると見誤ることである。こうした見方は安倍政権の過小評価である。安倍政権の本質は何より、二つの顔がセットで実行されている点であり、アメリカ、保守支配層の積年の課題を自覚的に取り上げようとしている点にもっとも危険な側面があることを見逃すことはできない。

## 2　安倍首相は「大国」をめざす

### なぜ二つの顔をもつのか――大国化の野望

問題はなぜ二つの顔をもつのかである。それは安倍首相が、他の歴代首相にはない、野望をもっているからにほかならない。その野望とは、戦後日本を、アジアで中国やロシアと対峙できる、アジアの大国に復活させたいという野望である。安倍首相がめざす大国化のためには、彼のなかではこの二つの顔の政治がどちらも不可欠だからにほかならない[3]。

ここで言う大国とは、自国の「国益」を実現するために必要な政治的、軍事的力を持ちかつ使用できる国と定義できる。

通例の大国は、アメリカでも中国でも当然に軍事大国であり、大国と軍事大国は同義である。ところが、戦後日本に限っては、その常識は当てはまらなかった。経済成長により、一九七〇年代後半にはGDPがアメリカに次いで第二位となる頃から、日本の「経済大国」化が言われたが、憲法により軍事行動の自由は縛られたままであったし、国民が軍事大国化に同意しなかったことから、軍事大国化は阻まれた。安倍首相は、その障害を取り除いて日本を名実ともに大国にしたいという野望をもっている。

大国化を達成するには、アメリカに言われなくても自衛隊が「国益」実現のために必要に応じて海外で武力を行使する自由がなければならない。また、軍事大国化を支える「強い経済」をつくるためには大企業本位の政治経済体制をつくらねばならず、そのための新自由主義改革、「構造改革」は避けて通れない。同時に、大国を支持する国民意識をつくるには、日本の近代の歴史を見直し、戦後の日本の国民を強く縛っている「再び戦争はしない」「侵略の銃は持たない」という平和意識を変えていく必要がある。その意味で体系的な歴史の修正・改竄が必要となってくる。

## 安倍のめざす大国はグローバル競争大国

注目しなければならないのは、安倍首相が追求している軍事大国は、安倍首相自身の思想はきわめて復古的であるにもかかわらず、戦前の大日本帝国のような復古的大国ではないという点である。

第二次世界大戦前の大国は、自国の「国益」つまり自国の資本の利益を実現するために、自国の資本が原料資源、市場を独占できるよう軍事力を使って排他的な勢力圏の確保に向かった。日本やドイツのような後発の大国は、すでに先発の大国により植民地・勢力圏を囲い込まれていたから、自らの植民地や勢力圏の確保をめざして、戦争と武力行使に訴えた。日本は韓国を植民地とし、中国大陸を勢力圏とするために侵略を繰り返した。そのため大国同士の戦争は不可避であった。レーニンが分析するように、植民地支配と帝国主義戦争は不可避であった。

ところが第二次世界大戦後の現代の大国の場合には、アメリカをはじめとした大国の生産力は著増し、巨大資本の求める市場はとうてい以前のような狭い特定の地域、国に止まることはできなくなった。巨大化した独占資本はいわば世界のどこでも一個の市場として自由に搾取する、そういう単一の自由な市場の拡大を求めるに至ったのである。だからアメリカは、冷戦期を通じて、自由な市場圏に異を唱える社会主義圏と生死を賭けて戦い、自由な単一な市場世界をつくるために、戦争と世界への介入をおこなってきたのである。

いま、安倍首相が求めている大国は、まさにそういうアメリカの世界支配に追随協力し、自国のグローバル企業の分け前を確保することができるような大国である。戦前のようにアジアで排他的な植民地や勢力圏をつくるのではなく、中国を含めアジアのなかで「自由に」日本の企業が出入りできる安定した市場をつくるために軍事的な力を求めているのである。

安倍首相のめざす「グローバル競争大国」は二つの課題を持っている。一つは、アメリカを盟主とした体制の維持・拡大に協力することによって、グローバル企業の自由に安定して活動できる市場を確保するという課題である。安倍政権が、中国のような単独の軍事大国をめざすのではなく、アメリカの戦争への加担と集団的自衛権を求めるのは、グローバル企業が自由に安定して活動できる市場の維持・拡大のために日本が関与することで、大国としてのプレゼンスを確保しようとするためである。アメリカとの同盟は至上であって、アメリカに従属・依存してアジアで覇《は》を唱えるという課題である。

そしてもう一つは、自由な市場のなかで自国のグローバル企業の擁護者、自国のグローバル企業の利害を実現するという課題である。安倍首相が新自由主義改革に力を入れ、また「地球儀俯瞰外交」と称して、財界人を引き連れて精力的に外国を回りインフラや原発の売り込みに精を出しているのは、この課題の実現のためである。

## 3　大国をめざす安倍官邸の体制

### 安倍政権を支える三つの勢力

安倍首相、安倍政権のめざす大国が、グローバル大国だということは安倍政権の政策を決定している構造からもみてとれる。

安倍政権の政策決定の構造には大きな特徴がある。それは、安倍政権の政策を出し、それを通す上で、三つのブレーン勢力があり、大きな影響力を持っていること、しかもこのブレーンを通じて官僚機構が全面的にバックアップしていることである。

### 外務省新主流派グループ

ブレーングループの第一は、外務省の元、現役の官僚グループである。その中心には、第一次安倍政権の時の外務次官で、今は、新設の国家安全保障局（ＮＳＣ）の局長に就任している谷内正太郎、安保法制懇の座長を務めた柳井俊二、内閣官房副長官補に就任している兼原信克などがいる。彼らは現在の外務省の主流をなしているが、伝統的な主流派とは異なる構想を持っているので、ここでは新主流派と呼んでおこう。

外務官僚の新主流の構想には、いくつか特徴がある。一つは、安保外交政策の基本を日米同盟の強化においていることである。もっともこれは戦後の外務省の伝統でもあった。

もともと外務省の伝統的主流の構想は、安保至上主義、日米同盟至上主義であった。当時の外務官僚が腐心したのは、米軍基地提供を柱とする安保体制の円滑な運営であった。これさえあれば日本の外交はだいじょうぶという、対米依存が大きな特徴であった。

しかし、同時に伝統的主流派には、戦前の日本外交への反省を踏まえて、自国の国益を軍事的力や威圧で貫徹させるようなことはしないというある種の「小国主義」があった。対米依存+小国主義、これが一九八〇年代末までの外務省主流派の政策であった。

ところが九〇年代以降、アメリカの圧力に応えるべく、外務省は、冷戦後も日米同盟を維持するためにも、たんに米軍基地提供だけではなく、自衛隊の海外派兵による積極的日米同盟強化が不可欠と考えるようになった。旧主流がもっていた「小国主義」は捨てられたのである。

こうした日米同盟積極派の意見は、二〇〇四年の自衛隊のイラク派兵で一段落しさらに変化する。イラク派兵後のアメリカの要請、ただ自衛隊を海外に出すだけでなく武力行使を、という期待に応えて、軍事的な貢献による日米同盟強化論に転じたのである。新主流派の誕生である。しかも、この新主流派は、日米同盟を強化しその負担を引き受けることで、「日米対等」をねらおうという意向をも持ったのである。

その延長線上であるが、新主流派の構想の第二は、日本をアジアの大国として、政治的・軍事的に復活させることを明確に志向していることである。

第三に、新主流派は、そのためにも、自衛隊の海外での武力行使を妨げている憲法上の制約、とりわけ集団的自衛権行使の禁止を変えねばという強い意欲をもっていることである。たとえば、谷内は、安保体制の平等化、相互性のためには「集団的自衛権の問題をはじめ、日本が国際平和協力をするときの憲法上の制約をできる限りなくして、より積極的に協力できるようにしていい」[4]かねばならないと主張してきた。

しかも注目すべきは、谷内が九条の改変を主張しながら明文改憲の困難を考えて、解釈で実行することを主張していることである。「私は憲法を改正すべきだと思っているが、政治状況はまだそこまでいっていない。……だから、まず憲法解釈を見直す必要がある」[5]と。第一次安倍政権の下で安保法制懇をつくることを主張したのも谷内であった。この解釈改憲戦略が第二次安倍政権の政策の中心に座っていることはいうまでもない。

第四に、しかし外務官僚グループは、アジアで大国として復活するためにも日本の過去の植民地支配、侵略戦争には反省が必要であるという見解をもっていることも見逃せない。そうしなければ、アジアの諸国は日本を受け入れないし日本をアジの大国として尊敬することもないと判断しているからである。この点が、あとで検討する第三グループと鋭く対立する点である。安倍政権が、一方で過去の内閣ではやらなかったような日米同盟強化策、自衛隊の軍事的負担も含めた全面的加担を積極的、体系的にすすめていること、同時に、これまた歴代内閣では見られなかった「戦略的な」外交を展開していることは、このグループの主導によるものである。

### 新自由主義経済学者と経産官僚

第二グループは、経産官僚出身の今井尚哉（首相補佐官）、菅原育郎（経済産業政策局長）など新・旧経済産業省官僚群とそれを支える経産省、それと競合しながら政権に食い込もうとする財務省、それに加えて、安倍お好みの浜田宏一、本田悦朗、さらに竹中平蔵ら新自由主義経済学者である。

この第二グループが、安倍政権の新自由主義経済政策を形成、実行しているが、ここでは安倍政権の軍事大国政策に焦点を絞っているので、これ以上は検討しない[6]。

### タカ派イデオローグ

第三グループがマスコミの注目を集めている、タカ派の「お友達」である。首相補佐官に就任した衛藤晟一、総裁特別補佐の萩生田光一らがこれである。ほかに、安倍の年来のタカ派のお友達は、下村博文（文科相）、新藤義孝（総務相）、など多数いる。加えて、ＮＨＫ経営委員に就任した百田尚樹などイデオローグもいる。

＊補　萩生田光一は、二〇一五年一〇月の第三次改造内閣で内閣官房副長官に就任した。新藤は、一四年一二月の第三次内閣で交代、下村も第三次改造内閣で交代した。

注意すべきは、このタカ派は、安倍政権の政策決定過程から疎外されがちであり、とくに、靖国参拝が内外で非難を浴びて以降、その傾向が強まっていることである。安倍が政治家に就任して以降のお友達閣僚も、そのタカ派のイデオロギーを買われているのではなく、新自由主義的政策遂行手腕で評価されている点が重要である。

にもかかわらず、彼らが安倍政権内で確固たる地位を占め続け、時に第一グループの政策判断に反するような行動を安倍がとるのはどうしてか、については、すぐ後で検討する。

しかし、安倍政権の、まことに体系的な、日米同盟強化政策、新自由主義改革政策を支えているのは、もっぱら第一、第二グループであることは見逃せない。

しかも、この第一、第二グループには、その政策を実行するために、従来の政権以上に官僚機構が全面的に支援している点が注目される。安保外交政策には、谷内などを媒介に、外務省、防衛省が全面的に支えている。新自由主義政策には、これまた、今井を媒介に経産省が全面的に支えているし、財務省も時に鋭く対立しつつ政権を支えている。
彼らにとっては、安倍政権は彼らの年来の構想を実現するまたとない政権だからである。

## 4　安倍首相は、なぜ復古的な顔を捨てられないのか？

ではなぜ、安倍首相は、イギリス、フランス、ドイツと並ぶようなグローバル大国をめざしながら、戦前の日本の歴史を修正・改竄しようとしたり、侵略と植民地支配を正面から認める態度をとらず、それに逆行するのだろうか。ドイツのようにナチス・ドイツの侵略を反省し近隣諸国と和解する形で大国化をすすめればいいはずなのにである。また、安倍の「お友達」がアメリカから不評であるにもかかわらず、なぜ政権内に止まり重用されているのであろうか。

この問いは日本の大国化をめぐる葛藤を考えるうえでも重要である。大きく言って五つの相互に関連した要因があると思われる。

まず指摘しておかねばならないのは、安倍政権に限らず、戦後の七〇年にわたる自民党政治・保守政治は一貫して、侵略戦争と植民地支配を直視することをしてこなかったという問題である。これはドイツとは異なる日本の戦後政治の特徴である。その背景には戦後日本が、アジアの冷戦のなかに巻き込まれたことがあった。

戦後日本を占領したアメリカは当初こそ日本軍国主義の復活を阻止するための徹底した民主化を求めたが、冷戦のなかで再び日本を反共陣営の一員として活用することが必要となると一転、侵略戦争と植民地支配の反省を徹底して求めるのではなく、逆に再軍備を強要し、戦争責任を問われて公職追放にあっていた政治家や官僚たちを大規模に復活させる挙に出たのである。それに乗じて、日本の保守政権も、戦後、植民地支配と侵略戦争に自ら厳しい反省の目を向けるということを一貫してさぼってきた。とくに日本の場合は、侵略戦争の根源であった天皇制を国民的に総括するという点ではきわめて不十分であった。何も安倍首相がはじめて侵略戦争と植民地支配を否定したわけではなく、伝統的に歴代保守政権はこの問題について常に曖昧に振る舞ってきたのである。

とくに日本の植民地であった韓国については、大して反省しなくとも極東における冷戦体制のなかでは韓国は日本に依らざるを得ないという甘い考え方があった。中国の場合にも冷戦対決のなかで、当初は中華人民共和国を承認せず、日中国交回復に際しても当時の戦略的思惑による中国側の「寛容」にも助けられて侵略に対する徹底した反省と総括をあいまいにしてきたのである。

第二に注目しなければならないのは、EU結成に至るドイツとフランスの和解と、アジアのなかでの日本と中国、韓国との関係の違いである。一言で言えば、日本が反省をし和解しなければならない中国と朝鮮は、いずれも日本帝国主義が植民地支配をしあるいは侵略戦争をおこなった国である。ドイツとフランスのように長年の対立国ではあるが、植民地・勢力圏を拡大しようとした大国同士の和解に比べて、日本と中国・韓国との和解は、一方的に相手を攻撃、支配してきた日本が、被害を受けた国と和解をするというもので、はるかに難しい。より厳しい反省が必要なのに、日本は逆の態度をとったのである。

第三の要因は、安倍首相の政治的出自にかかわるものである。安倍が自民党政治の歴史のなかでも特段に右寄りの、失われた日本の誇りを回復するには歴史の見直しが必要と思っている、タカ派のサークルから育ってきたという問題である。自民党のなかでも侵略と植民地支配の反省をもっとも忌避するグループから安倍首相自身が登場していることが、大国化を正当化するイデオロギーとして歴史の修正・改竄をもち出してくる要因となっているのである。

第四に注目しなければならないのは、大国化をどうすすめるかということをめぐって、安倍政権内には第一、第二グループと第三グループという対立する二つの勢力があり、安倍首相はこの勢力のバランスのうえに成り立っているため、大胆に侵略戦争と植民地支配に対する反省を掲げることができないという要因である。

同じグローバル大国化をめざす勢力の中でも、官僚とくに外務官僚や財界人、学者グループなどは、日本が過去におこなった侵略戦争と植民地支配については、ある程度の清算をおこなうべきだという考えがある。もちろん、その清算は限界のあるものであって、戦前の日本が侵略戦争と植民地支配をおこなった根源である天皇制国家、明治憲法体制を根本的に見直すということではないのであるが、にもかかわらず、過去の中国との戦争は侵略戦争であったこと、韓国には植民地支配があったことは認めようとしている。彼らは、植民地支配と侵略戦争の反省がなければ、日本が今後アジアのなかで大国として復活することができないということを十分承知している。

財界人も、先述のように、日本の企業の主たる展開先のなかに中国、東南アジアがあるため、それらの諸国の民衆にとって大きな問題である植民地支配や侵略戦争という問題を曖昧にし、あるいは否定する形で企業がアジアに展開、定着するということは不可能だと自覚している。

たとえば、北岡伸一が、一方では安保法制懇の座長代理として集団的自衛権行使容認の報告を書きながら、他方戦後七〇年をめぐる懇談会「21世紀構想懇談会」の座長代理も務め、「日本全体としては侵略して、悪い戦争をして、たくさんの中国人を殺して、誠に申し訳ないということは、日本の歴史研究者に聞けば九九％そう言うと思う」「私は安倍さんに『日本は侵略した』と言ってほしい」と発言しているのは、これらグループの典型である。

ところが、同じ安倍政権を支えるタカ派の第三グループの面々は、日本近代を見直さなければ大国化を支持する国民意識はつくれない、戦争への謝罪を続けていては日本がアジアのなかでの権威的な地位の確立を支える強い国民を形成することはできないという国民動員の見地から、植民地支配と侵略戦争の歴史を否定したいという強い衝動をもっているのである。

つまり安倍政権の中では、軍事大国化のイデオロギーとして、ドイツ型をとるのか歴史の改竄路線をとるのかで大きな対立があり、その両方が安倍政権を支えているのである。

そして五番目、ある意味ではもっとも大きな要因は、戦後の日本が憲法九条のもとで、海外で武力行使をすることを否認し、軍事大国になることを公に否定してきたという歴史があるという問題である。こうした軍事大国を忌避する意識も深く国民の間に浸透している。

軍事大国化を推進する勢力にとっては、戦後日本の国民に定着しているこうした意識をひっくり返すには、「戦後」批判は不可欠であり、戦後意識の根っこにある、戦前の歴史の否定は何としても変えねばならない課題なのである。問題なのは、こうした「戦後」をひっくり返し、その象徴である憲法の改正の先頭に立っているのは、歴史の修正・改竄の意欲を持ったタカ派集団のみだということである。「日本会議」もそうであるし、「美しい日本をつくる国民の会」もそうである。こうした集団がなければ、大国化のための運動は成り立たない、そこに、安倍政権、もっと言えば日本の大国化をめざす勢力のジレンマがあるのである。

## 軍事大国化をめぐる矛盾と葛藤

いずれにしても、この問題が日本の軍事大国化をめぐる大きな矛盾と葛藤を生んでいる。日本の大企業は、日本がグローバル大国化を達成し、安定した市場を確保するためにも、中国との協調は避けられないし、植民地支配と侵略戦争についての一定の反省は不可避だという意見をもっている。しかし、同時に、そういう意見に否定的な安倍政権でないと軍事大国化のカナメである集団的自衛権の行使容認や改憲をすすめる馬力がないことも自覚している。先に触れたように、改憲を推進する運動の原動力は、大企業が敬遠しているタカ派の勢力、日本会議などにあるからである。

## 5　アメリカ、財界の切り札としての安倍政権

### 野蛮な情熱への期待

アメリカや財界は、こうした二つの顔を持つ安倍政権の評価について動揺していたが、二〇一三年あたりから、割り切って安倍政権支持に転じた。その最大の理由は、安倍首相のような野蛮な情熱を持った人物でなければ、軍事大国化の完成、あるいは「構造改革」の再建はできないと判断したことにある。国民の反対の世論を押し切って原発を再稼働し、地域経済の破壊も厭わないＴＰＰを締結する、あるいは消費税の再引き上げなどどれ一つをとってもかな

りの馬力が必要である。いわんや集団的自衛権行使容認については一貫して世論が反対している。世論の反対を押し切ってやるには、安倍首相のように大国への強い執念をもった人物でないとだめということである。ここに、アメリカや財界が、一抹の不安を抱きつつ安倍政権全面支持を決断した理由があったのである。

その結果、第一次安倍政権とは違い第二次、第三次政権は、アメリカと財界の全面的なバックアップのもとに政治を推進しているということをみておく必要がある。安倍政権は決して、たんなるタカ派の復古型政権ではない。支配階級の最大の切り札として、内に葛藤と矛盾を抱えながら、改憲と「戦争する国」づくり、軍事大国化に向けての政治にまい進する容易ならぬ政権なのである。

## 安倍政権のめざす軍事大国化の三つの柱

安倍政権のめざす軍事大国化の政治には三つの柱がある。安倍政治の特徴はこの三つの柱を体系的におこなおうとしている点にある。たとえば、小泉政権は、新自由主義改革を凶暴にすすめたが、軍事大国化については、イラク派兵、インド洋海域への派兵はもっぱらアメリカのブッシュ政権の要請に応えるという面が主で、必ずしも自覚的ではなかった。安倍政権はこの三つの柱をきわめて自覚的におこなおうとしているのである。

第一の柱は、改憲、「戦争する国」づくりである。第二の柱は「構造改革」の再起動と新段階への前進で、この間停滞した新自由主義改革を再建する政治である。第三の柱は、「教育改革」と歴史の修正・改竄による国民意識の改宗である。

このうち安倍政権が重点を置いたのは、その第一の柱である改憲と「戦争する国」づくりであり、その焦点が集団的自衛権行使容認を核とする既存政府解釈の改変である。この実現に執念を燃やしているというのが安倍政権の特徴である。

## 二　軍事大国化をめぐる攻防と安倍政権

では一体、なぜ集団的自衛権、「戦争する国」づくりが安倍政権の大国化政策の中心に座っているのであろうか。それを検討するために、九〇年代以降の歴代政権による軍事大国化政策の歴史をふり返ってみよう。

ここで明らかにしたい点は二つである。一つは、集団的自衛権行使容認論は今や、安倍政権の専売特許のように思われているが、決してそんなことはない。集団的自衛権論も秘密保護法も、今、安倍政権が強行しようとしている政策は、安倍が最初に言い出したものではなく、アメリカ政府が怨念のように求めてきた政策課題だという点の検証である。

二つ目は、自衛隊派兵の圧力は、九〇年代初頭から繰り返されたが、集団的自衛権容認要求、それを受けた日本側の集団的自衛権行使容認論は、その一定の段階になって——武力行使抜きの「後方支援」名義の派兵のめどがついて以降——大国化政策の中に登場したことである。

その検証のために、以下、軍事大国・改憲政策を三つの時期に区分して検討しよう。

## 1 第一期—何が何でも自衛隊の海外派兵と米軍後方支援を追求した時期

第一期は、一九九〇年から二〇〇四年初頭、自衛隊のイラク派兵が強行された時期までである。この時期に政府は、アメリカの強い圧力を受けて、何が何でも——つまり武力行使を目的とせず「後方支援」という形をとってでも、自衛隊を海外に出動させることを目的にした。

しかし、そうした自衛隊の海外への派兵には大きな障害物が立ちはだかっていた。言うまでもなく、憲法であるが、憲法が自衛隊の海外派兵や後方支援に立ちはだかったのは、九条にもとづいて、自衛隊の諸活動を制約する解釈が、ほかでもなく政府自身の手によって「整備」されていたからである。

## 九条の下で自衛隊を合憲とする「解釈」──「自衛のための必要最小限度の実力」論

もともと、保守党政権は、戦争放棄を謳うだけでなく一切の「戦力」の保持を禁止した憲法九条の改正を求めていた。〝こんな憲法は戦勝者アメリカが日本を弱体化するために強制したものである〟と考えたからである。当のアメリカも冷戦が激化するにつれ、当初の方針を変えて、憲法改正による日本の再軍備を強く要求するようになった。

しかしこうした試みは、国民の運動により挫折を余儀なくされ、自民党政権は、改憲を封印することで政権の安定を図らざるを得なくなったのである。その時政府が、九条の下で自衛隊の保持を合憲とするために採用した解釈が、「自衛のための必要最小限度の実力」論、いわゆる「自衛力論」であった。

もともと、この解釈は、一九五四年に政府により打ち出されたものであったが、一九六〇年代に入り自民党政権が明文の憲法改正を断念して以降、政府解釈として定着し現在に至るまで政府によって堅持されているものである。

政府の「解釈」は、大略、以下のような論理であった。

①憲法はなるほど戦争を放棄し戦力保持を禁止している。

②しかし憲法で書いてあろうとなかろうとどの国民も、外敵による侵略に対しそれを実力で排除する権利、「自衛権」は持っているし、その自衛権を行使するための実力の保持も認めら

れている。
③しかし、九条第二項は「戦力」保持を禁止しているため、憲法の下では、その保持できる「実力」は自衛のため必要最小限度に止まるべきであり、必要最小限度である限り、それは憲法の禁止する「戦力」にはあたらない。
④自衛隊は、「自衛のための必要最小限度の実力」であるから、憲法の禁止する「戦力」にはあたらない、というものである。

## 運動に支えられた違憲論が強制した政府解釈

もし運動が弱く、政府のこうした「解釈」を呑んでしまえば、「自衛のための必要最小限度の実力」という名の下で、自衛隊は、たとえば、ソ連脅威論などへの対処の必要を口実にどんどん大きくなり、ベトナム戦争を筆頭にアメリカの戦争にも全面的に加担することになったかもしれない。

しかし、改憲を挫折させた国民の運動は、容易に、「自衛隊＝自衛のための必要最小限度の実力」論を受け入れなかった。

明文改憲を葬り去った革新勢力、社会党や共産党は、自衛隊が「自衛のための必要最小限度の実力」などではなくアメリカの戦争に加担する違憲の軍隊だという批判を強めたため、政府は、自衛隊の活動の制約とくに自衛隊を海外に派兵しないという歯止めを自らかけることで、自衛隊違憲の攻撃を逃れざるを得なかったのである。

ここで強調しておきたいのは、こうした自衛隊の活動を縛る政府解釈は、直接にはいま注目をあびている内閣法制局がつくったものであるが、内閣法制局が憲法擁護の立場から「自発的に」つくったというよりはむしろ、自衛隊違憲論と運動が政府と内閣法制局に強制したものであったという点である。この側面をきちんと見る必要がある。

政府＝内閣法制局に圧力をかけ自衛隊の活動を制約する解釈を生ませた運動は、二つあった。

一つは、五〇年代から六〇年代にかけたたかわれた、安保条約や自衛隊に対する憲法裁判である。砂川事件をはじめ、恵庭裁判、長沼裁判をたたかう中で、安保条約、自衛隊がいかに米軍やアメリカの戦争に加担しているかという実態が明らかにされただけでなく、安保条約や自衛隊の違憲を主張する理論が裁判を支援した憲法学者や弁護士のなかで彫琢されていった。

もう一つの運動は、国会のなかで共産党、社会党やできたての公明党が、さまざまな形で安保条約に基づく米軍の行動や自衛隊の違憲的な活動を追及したことである。この場合には必ずしも自衛隊の違憲論が正面に出るわけではないが、政府の建前としての解釈である、自衛隊は「自衛のための必要最小限度の実力」だという解釈を盾にとって、その解釈に照らしても自衛隊の実態はそれとかけ離れており違憲なのではないかという形での追及である。

この自衛隊違憲論と、自衛隊についての政府の解釈を建前として認めながら、それからの逸脱を追及するという二つのやり方が、政府において自衛隊の活動を制約する膨大な政府解釈の体系をつくらせ、維持させてきたのである。

### 自衛隊派兵の障害物となった二つの政府解釈

とくに自衛隊の海外での武力行使の障害となってきた政府解釈には二つの柱がある。

一つは、言うまでもなく自衛隊は、海外派兵はしない、海外で武力行使はしないという制約である。自国を武力で攻撃された場合にはそれに実力で反撃するが、海外で武力行使をしない。また、自国が武力攻撃を受けたことに対し反撃する「個別的自衛権」行使は認められるが、他国に対する攻撃、具体的にはアメリカの戦争に武力で加担する「集団的自衛権」の行使は認められないという解釈である。

もう一つは、とくに九〇年代に入って、アメリカの強い圧力のもとで、自衛隊が狭い意味での「武力行使」ではなく、いわゆる「後方支援」、米軍の戦争に「武力行使」以外の形で加担するさまざまな活動を海外でおこなうことを求められたことに対してかけられた制約――「武力行使との一体化」論である。

「後方支援」とは戦後日本特有の――つまり日本国憲法をめぐる攻防の中で生まれた概念で

あるが、輸送、調達、修理・整備、医療、通信、宿泊、保管、訓練業務、捜索救助、弾薬提供など、一般には「後方」「兵站」と呼ばれる、戦争には不可欠の活動を指す。この概念は、アメリカの強い加担圧力、九条の厳格な禁止規定の間を縫って、米軍支援の活動でも、武力行使にわたらなければ可能という余地を見つけるために生み出され、発展した概念と言える。

この「後方支援」という概念を使うことで自衛隊の米軍支援に一定の余地を開きつつ、他方これが「武力行使」につながる点だけは厳格に規制したいという内閣法制局の判断、それが「武力行使との一体化」論であった。それは、自らが武力行使をしなくとも、他国の武力行使と一体化した活動は認められない、という制約である。イラクやアフガニスタンの戦地に行って、米軍の武力行使に加担するような、米軍を輸送したり米軍の武器・弾薬を補給するようなことは、他国の武力行使と一体化した活動になる、これは法的に九条の禁止する「武力行使」とみなされるので、やってはならないという制約である。たとえ「後方支援」であっても戦場には行かない、行けないという制約である。

こうした、自衛隊の活動に厳しい制約を課す解釈をとることで、政府は、何とか自衛隊を合憲とする合意を取り付けようとはかったのである。

しかし、こんな制約があっては、アメリカの要求する「ともに血を流す」ことなどできないし、後方支援の口実でも海外に行けないとなれば、「ともに汗を流す」こともできない。そこで、政府はアメリカの要請に応えるべく、憲法と政府解釈の打破に乗りだしたのである。

少し先走って言えば、安倍政権がいま壊そうとしているのは、この二つの制約をはじめ自衛隊の活動に制約を課している解釈にほかならないのである。

## 解釈改憲方式の採用――解釈改憲の第一段階

自衛隊の海外での活動に厳しい縛りをかけていた憲法上の制約を打破するために、この第一期に政府がめざしたのは、明文で憲法改正する道を回避し解釈で突破する道であった。

理由は、明文改憲を提起すると国民の巨大な反対に遭遇する危険があったこと、もう一つは、明文改憲には時間がかかりアメリカの性急な要請に間に合わないことであった。

しかも政府は、第一期には、先に見た二つの制約を柱とする既存の政府解釈に手をつけることすら回避して、その解釈の隙間を縫うように、自衛隊派兵の実現をめざしたのである。この時期の解釈改憲を、筆者は解釈改憲の第一段階と呼んでおきたい。その頂点は、小泉政権期の自衛隊派兵であった。

小泉政権は、ブッシュ政権の強い圧力で、イラクに派兵したが、その際の論理の一つは、「派兵と派遣の区別」論であった。九条が禁止している海外「派兵」とは武力行使目的で自衛隊を海外に進駐させることであるが、それ以外のたとえば、「人道復興支援」とか災害復旧のための進駐は、「派遣」であり許されるというものである。

また「武力行使との一体化」は許されないという政府解釈の制約をすり抜けるために開発された解釈が、「後方地域」論、「非戦闘地域」論である。たとえ「後方支援」であっても、自衛隊が戦場に派遣されれば、「武力行使と一体化」した活動になり許されない。しかし、戦闘地域と一線を画し、「現に戦闘行為が行われておらず、かつ、そこで実施される活動の期間を通じて、戦闘行為が行われることがないと認められる我が国周辺の公海……及びその上空の範囲」をいう「後方地域」（周辺事態法第三条第1項三号）あるいは「非戦闘地域」（テロ対策特措法）なら自衛隊の派遣は可能だという理屈である。こうして、一九九九年の周辺事態法では、米軍の戦闘作戦行動にも自衛隊が支援できることを定め、また二〇〇一年のアフガン攻撃に際しても、インド洋海域に自衛隊を派遣し、〇四年にはついにイラクに派兵したのである。

## 集団的自衛権の登場

問題は、集団的自衛権論である。この第一期の初期には、政府部内では集団的自衛権行使容認論は登場しなかった。湾岸危機以来、多くの論者が日本も憲法を改正して、集団的自衛権を持つべしという主張を開陳したが、政府の主張するところではなかった。明文改憲の道をとれず、また既存政府解釈をある程度踏まえながら自衛隊の海外出動をはかるには、最初から「武力行使をしない」という制約を正面突破するのは無理と判断したからである。アメリカが求め、また政府がねらったのは、「後方支援」目的の自衛隊派兵の容認であった。

集団的自衛権論が本格的に登場したのは、一九九七年、日本がアメリカとの間で「日米防衛協力のガイドライン」改訂（以後「新ガイドライン」と略称）を実現し、周辺事態法で日本「周辺」有事に際し自衛隊の「武力行使と一体化」しない範囲での後方支援が認められてからのことであった。

アメリカのアーミテージが、新ガイドラインの締結直後に、「自衛隊がさらに深い協力をするには集団的自衛権行使の容認が必要だ」と発言したことが合図となり、二〇〇〇年に、アーミテージらが中心にまとめた、いわゆる「第一次アーミテージ報告」は、正式に、集団的自衛権行使容認の必要性を訴えたのである。

次のようにである。「日本が集団的自衛権を禁止していることは、同盟間の協力にとって制約となっている。この禁止事項を取り払うことで、より密接で、より効果的な安全保障協力が可能になろう。これは日本国民のみが下せる決定である。アメリカは、これまでも安全保障政策の特徴を形成する日本国内の決定を尊重してきたし、今後もそうすべきである。しかし、アメリカ政府が明確にしなくてはならないことは、日本がより大きな貢献を行い、同盟のより対等なパートナーとなる意志をもつことを歓迎するということである。」[7]と。

つまり、集団的自衛権容行使認論は、武力行使をしない「後方支援」という限定の下での自衛隊の海外への出動にようやく実現のめどが立った後、いわば第二段階として、今度は自衛隊の海外での武力行使を可能とする法論理として、主張されるようになったのである。

しかし、この段階では、集団的自衛権による海外での武力行使は、自衛隊派兵の主目的ではなかった。「後方支援」の口実であっても現実に自衛隊を海外に派兵することこそが、第一目標だったのである。

そして、小泉政権が、既存解釈の下で自衛隊のイラクへの派遣を強行した。その直後から、アメリカの要求は、自衛隊の海外での武力行使の解禁や自衛隊の海外出動を厳しく制約している武力行使との一体化論の打破にエスカレートした。こうして、軍事大国化は第二期に入るのである。

## 2　第二期――解釈改憲の限界突破をはかる明文改憲とその挫折、停滞

### 第一次安倍政権の明文・解釈改憲同時進行

第二期は、小泉政権によるイラク派兵で現れた自衛隊派兵の二つの限界――とりわけ、既存の政府解釈の下では自衛隊は海外での武力行使ができないという限界を突破するために、明文

改憲が登場することで始まった。それを担ったのが、第一次安倍政権であった。

しかし、安倍政権は、明文改憲には時間がかかることを想定し、同時に、解釈変更で、自衛隊の海外での武力行使を可能とする方式も追求したのである。二〇〇七年に首相の私的諮問機関として発足した「安全保障の法的基盤の再構築に関する懇談会」（以下、安保法制懇）がそれである。しかし、この時の安保法制懇は、集団的自衛権の包括的容認をねらったというより、いくつかの特例的な事態をあげ、その特例的事態の場合に、特例的に集団的自衛権行使を認めさせようという意図を持っていた。

## 九条の会による明文改憲策動の挫折

こうした安倍政権の動きに対して、再び国民の運動が立ちはだかった。案の定、とでも言うべきであろうか。中心になったのは、市民運動系の憲法運動、そして九条の会の運動であった。今度は安保闘争時のように大きな集会もなければ国会を取り囲むデモもなかった。しかし、九条の会が、続々と全国につくられ、改憲阻止の新しい運動をつくった。九条の会の数が増え、それらの会が、地域で学習会や講演会を開く中で、改憲世論は確実に変わっていった。

読売新聞のそれで見ると、九条の会が発足した二〇〇四年の四月の世論調査では、三分の二あった改憲賛成の声は九条の会の伸びと反比例する形で減り、九条の会が七〇〇〇を超えた二〇〇八年春には、改憲賛成は反対に逆転されてしまったのである。安倍の退陣とともに、明文改憲の大波は潮の引く如く、引いていったのである。

### 集団的自衛権の解釈による容認論

しかし、明文改憲の挫折のあとから、集団的自衛権行使容認を解釈で実現すべきだという明確な主張が登場したことに注目する必要がある。まさしく現在安倍政権が唱えている主張である。

第一次安倍政権が退陣したあと福田政権を挟んで誕生した麻生政権の時、二〇〇九年に改訂が予定されていた防衛計画の大綱の中味を議論するために、首相の私的諮問機関として、「安全保障と防衛力に関する懇談会」（安保防衛懇）がつくられ、報告を出した。この報告は、まもなくおこなわれた政権交代によってお蔵入りさせられたが、政権交代後、大綱改定をめざして鳩山政権も「新たな時代の安全保障と防衛力に関する懇談会」（新安保防衛懇）を設置し、新安保防衛懇は、次の菅政権時代に報告書を提出した。

この安保防衛懇、新安保防衛懇報告の中では、今、安倍政権が実現をめざしているメニューがすでにほぼ出そろっていたのである。新安保防衛懇報告[8]でそれを見ると、集団的自衛権解釈の変更による行使容認、武器輸出三原則の見直し、秘密保護法制定、日本版ＮＳＣの設置、国家安全保障戦略の策定など、安倍政権の政策との類似性は驚くばかりである。

これを見ても、今、安倍政権がすすめている、集団的自衛権行使容認を主とする政策が決して安倍個人の思いつきで出てきているのではないことがわかる。

しかし、第二期には、国民の声を受けて、こうした政策が実現するめどは立たなかった。民主党鳩山政権は、沖縄県民の声を背景に普天間基地の国外、県外移設を掲げ、日米同盟は強化どころではなくなった。続く、菅政権、野田政権は日米同盟強化路線に転向したが、今度は国民の失望を受けて政治力が弱体化した。とうてい集団的自衛権行使を強行できるような力はなかったのである。

その実現をめざして登場した第二次安倍政権の成立で、第三期が始まるのである。

## 3　第三期──安倍政権、新たな解釈改憲と明文改憲の並行

### 安倍政権の改憲戦略の特徴

第二次安倍政権は　第二期後半の改憲・軍事大国化の中断、停滞を打破し軍事大国化の完成をめざす政権として誕生した。第三期、安倍政権の改憲の全体像は、次にくわしく検討するこ

とにして、その前にこの時期を概観すると、二つの特徴が注目される。

一つは、解釈改憲で自衛隊の海外での武力行使を容認しようという動きが本格化したことである。いわば、解釈改憲の第二段階である。もう一つは解釈改憲と並んで、明文改憲の動きが台頭している点である。

### アメリカの世界戦略の転換

第一の点から見ていこう。安倍政権はなぜ解釈改憲方式を採ったのであろうか。最大の要因は、アメリカの世界戦略の変化である。

アメリカは、先述のように、冷戦終焉以来一貫して覇権国として、自由な市場の維持・拡大のために軍事的干渉と戦争を繰り返してきた。イラク、アフガニスタンへの派兵、戦争である。これは、アメリカに大きな二つの結果を招いた。一つは未曾有の財政赤字である。もう一つは、国民の反戦・厭戦意識の高まりである。その結果、オバマ政権は、アメリカが直接、武力で介入し「ならず者」国家を鎮圧するという路線の再検討を余儀なくされたのである。

そうかと言って、アメリカは、覇権を放棄する気はない。そこで、オバマ政権がとった新戦略は、二つの柱を持っている。

第一は、アメリカの直接介入の縮小を同盟国に肩代わりさせる路線――肩代わり戦略である。

アメリカが出してきた人＝軍隊とカネを、日本やＮＡＴＯ諸国に分担させようという戦略である。

もう一つは、イラクやアフガンから引いた力を、アジア・太平洋地域に集中的に振り向けて、衰退した覇権を再強化しようという戦略である。なぜアジア・太平洋地域かと言うと、現在世界の経済成長の地域はほぼアジア・太平洋に集中しており、アメリカの多国籍企業はこの地域でこそ、成長が可能だからである。

ところで、アジア・太平洋で覇権を再確立する場合、焦点となるのは中国政策である。そこでオバマ政権のアジア・太平洋重視政策は、対中国政策がカナメとなる。

オバマ政権の対中政策は二面的なものである。一つは、中国をアジア・太平洋地域の自由な市場秩序の安定のためのパートナーとして位置づけ、共同で、秩序の管理をはかろうというものである。自由な企業秩序の安定のために中国に責任を持ってもらおうというわけである。他方、中国がもし、こうしたアメリカの思惑を越えて、独自の覇権を確立しようという場合には、中国を軍事的・政治的に押さえ込もうという路線である。

こうしたオバマ政権の戦略は、対日政策にも新たな性格をもたらした。肩代わり政策からも、また対中国包囲網のためにもアメリカは、以前にも増して日本の負担、アメリカの手足となって働くことを求めるようになる。集団的自衛権行使容認を含めた日米軍事行動の一層の緊密化が、求められる。他方、中国との協調によるアジア・太平洋秩序維持という政策からは、その秩序を乱しかねない日本の動き――とりわけ復古的軍事大国化をめざすような動きを抑制させる動きが出てくる。

つづめて言えば、日米の共同作戦態勢の強化、そのための集団的自衛権行使容認をはじめとした自衛隊の海外出動にかけられていた制約打破は、中国が警戒する明文改憲などのあからさまな手段でなくおこなえ、というものである。

ここからアメリカは、日本の集団的自衛権行使や集団安全保障への参加、後方支援を解釈改憲でおこなうことを強く求めることになったのである。たとえば、日本に一貫して自衛隊の派兵を求めてきたアーミテージは、近年、「何も日本は憲法改正する必要はない……ただ内閣法制局による（憲法九条の）解釈を変えればいいのです」[9]と断言していた。

### 政治状況の変化による明文改憲の困難

安倍政権に解釈改憲路線を迫った要因には、政治状況の変化もある。民主党の没落、保守二大政党制の崩壊による保守多党化状況によって、明文改憲には不適切な体制が現出したことである。二大政党制の下では、相方の民主党が改憲に合意できれば改憲発議は可能となるが、多党制の下では、各党が自らのアイデンティティを求めるため、改憲合意や改憲案作成にもやっかいな調整が必要となってくるからである。

また、安倍政権が明文改憲の切り札として期待して提起した憲法九六条改正先行論が挫折したことも、安倍政権が、解釈改憲に特化していく大きな要因であった。

### 明文改憲への執念

しかし、第三期、安倍政権の改憲戦略の第二の特徴は、安倍が解釈と同時に明文改憲の実現に意欲を燃やしている点である。安倍首相の望む大国化の完成のためには、明文の改憲が不可欠だからだ。アメリカや財界は、明文改憲を望まないどころか、その抑制を図っているのに対し、安倍政権は、解釈改憲を先行させつつ、明文改憲に手をつける計画を立てている。

以上の歴史的変化を踏まえて、安倍政権のねらう解釈改憲の全体像と明文改憲のねらいを検討しよう。

## 三　安倍政権の改憲・軍事大国化構想の全体像とその特徴

### 1　既存政府解釈の変更

安倍政権は、一九九〇年代以降の軍事大国の試みの最新段階に位置するが、その第一の特徴は、解釈改憲により、想定されるあらゆる事態に、自衛隊が米軍と共同しあるいは単独で出兵し武力行使できる体制をつくろうとしている点である。保守支配層が、九〇年以来追求しながら、今なお達成できていない課題の完成である。

小泉政権期に達成した解釈改憲の第一段階は、既存政府解釈を前提にして自衛隊の派遣をめざしたため、ついに、海外での武力行使を実現できないままに終わった。安倍政権は、この限界を突破するために、しかも、明文でなく解釈で突破するために、既存の政府解釈そのものの根本的改変をめざしているのである。これを私は解釈改憲の第二段階と呼んでいる。

もう少しくわしく言うと、安倍政権は、解釈改憲で、以下のいずれの場合においても、自衛隊がアメリカの戦争に加担して海外派兵できる体制づくりをもくろんでいるのである。

## 集団的自衛権行使による海外での武力行使

第一の場合は、集団的自衛権行使を容認するよう解釈を変更して、自衛隊の海外での武力行使を可能とすることである。これは、アメリカがこれまで強く望んできた場合である。

かつて、一九六五年にアメリカはベトナムに侵攻した。アメリカはこれを、集団的自衛権を理由におこなった[10]が、当時日本に対してもベトナムへの派兵を求めてきた。もし、この時点で自衛隊が出動した場合には、アメリカとの集団的自衛権行使として派兵がおこなわれたはずであった。また、アメリカは、北朝鮮への攻撃に踏み切る場合、韓国との軍事同盟条約に基づき集団的自衛権を行使して進攻するが、この朝鮮半島有事に日本が武力で加担する場合には、自衛隊は、アメリカに対する集団的自衛権行使として出兵することになるであろう。

## 集団安全保障に基づく武力行使

安倍政権が解釈変更をしようとしているのは集団的自衛権行使だけではない。第二に、今まで政府解釈で、他国への武力行使として禁止されてきた集団安全保障措置への参加も合憲にすることをねらっている。九〇年のイラクのクエート侵攻に対し、国連安保理の武力行使容認決議にもとづきアメリカをはじめとした多国籍軍がイラクに進攻したが、この行動は、国連憲章四二条に基づく軍事的措置ではなかったが、国連安保理決議に基づいているという点から、集団安全保障措置としての出兵とみなす議論も有力であった。しかし、政府はこのような国連決議に基づく武力行使であっても、それは「我が国の行為」にほかならず、憲法九条第一項が禁止する「武力行使」であり禁止されているとしてきた[11]。安倍政権は、このような場合には九条が禁止している「国権の発動」としての武力行使とは全く別ものであるという理由から政府解釈を変えて自衛隊の派兵を可能とすることをめざしたのである。

## 武力行使と一体化した活動の禁止排除

さらに、政府は、既存の政府解釈の内、「武力行使と一体化した活動はできない」という解釈も廃棄しようとしている。これは、先に指摘したように、自衛隊は海外で武力行使できないという制約の一環として、たとえ自らが武力行使をしなくとも、米軍や多国籍軍が戦闘している地域に自衛隊を派遣して後方支援をするような活動はできないことを明確化したものであるが、これもなくしたいというのである。

実はアメリカは、日本に対して、集団的自衛権行使と並んであるいはそれよりも強く、こちら、つまり後方支援活動へのより全面的な参加を求めているのである。

こうした安倍政権の大規模な解釈見直しのねらいは何であろうか。それは、アメリカの要請に応えることに止まらず、政府が必要と判断したときに、いつでも自衛隊の派兵と武力行使の自由を獲得することで、自衛隊を政治政策行使の道具として活用できるようにしようというものである。戦後日本では、長らく、憲法上の制約のために、政治外交上の手段として軍事力を使うことができなかった、それを変更しようというのである。

## 安保法制懇の報告を梃子に解釈変更を

それでは安倍政権はどんな形で解釈改憲を実行しようとしているのであろうか。

そもそも、安倍政権がめざす解釈改憲は簡単ではない。なぜなら、今安倍政権が覆そうとしている解釈は、すでにふれたように、国民の運動の力で政府が自ら、六〇年近くにわたって積み重ねてきた解釈だからである。この変更の困難を自覚したからこそ、第一期の小泉政権は、既存解釈に手をふれずに、その隙間を縫う形で自衛隊の海外出動を強行しようとしたのである。安倍政権は、そうした第一段階解釈改憲の不十分性を乗りこえようとしているのである。

そこで、安倍政権が使おうとしたのが、第一次安倍政権の時につくられた安保法制懇であった。第一次安倍政権の時には安倍首相の主たるねらいはあくまで明文改憲にあり、安保法制懇の解釈改憲は、明文改憲までのつなぎにすぎなかったのであるが、今回は主客逆転して、こちらがメインになったのである。

安倍首相は、安保法制懇に、今までの解釈を〝ちゃぶ台返し〟にするような報告を求め、それを梃子に、閣議決定で既存解釈の変更を宣言し、二〇一四年秋の臨時国会では、自衛隊法や周辺事態法などの改正法を提出して新たな権限を法律に明記する、年末のガイドライン改訂で、米軍と自衛隊の共同作戦を具体化する、という形で解釈改憲を実行するもくろみである。

そのために安保法制懇の任務は第一次政権の時よりはるかに重いものになった。第一次の時には、四つの事例を挙げ、そのような場合に特例的に、集団的自衛権を認めないとまずいということを検討するに止まったのであるが、今回は、それを越えて、包括的に、集団的自衛権、集団安全保障への参加を認めること、さらには自衛隊の「後方支援活動」への制限を取り払うことを目的とし、それだけ、既存解釈の抜本変更が必要となったからである。

## 2　自衛隊の外征軍化――「防衛計画の大綱」の再改訂

安倍政権がめざすのはこうした解釈改変だけではない。自衛隊の海外での武力行使の自由を獲得すると同時に、現実に自衛隊が海外で米軍と共同作戦をおこなったり武力行使できるよう、自衛隊の編成・装備を海外派兵用に変えることも大きな課題である。

実は、憲法の制約の下で、自衛隊はその装備・編成においても、重大な制約を受けていた。「自衛のための必要最小限度の実力」という制約から、大量破壊兵器などもっぱら攻撃用の兵器を持たないというのがそうした制約の一つである。

そうした装備・編成上の制約を取り払って、米軍との共同作戦にたえる軍隊にするために、安倍政権は、二〇一三年一二月一七日に「防衛計画の大綱」を改訂した。民主党、菅政権の二〇一一年一二月にすでに大綱は改訂されていたが、それをさらに改訂したのである。その目玉は、解釈改憲に合わせ、自衛隊を海外侵攻用軍隊に模様替えすることであった。

## 海兵隊的機能

大綱改訂の目玉は二つあった。一つは、自衛隊にも、海外侵攻の殴り込み部隊としての「海兵隊」をつくることである。どの大国も、陸、海、空軍とは別に、海外侵攻の尖兵として、陸、海、空の装備をセットでもった海兵隊をもっている。ところが日本の自衛隊はもっていなかった。それを中国軍の動向、尖閣への行動を口実につくろうというものである。二〇一三年六月自民党の提言「新『防衛計画の大綱』策定に係る提言」[12]が大綱改訂の目玉としてこれを打ち出していた。「さらに、島嶼防衛を念頭に、緊急事態における初動対処、事態の推移に応じた迅速な増援、海洋からの強襲着上陸による島嶼奪回等を可能とするため、自衛隊に『海兵隊的機能』を付与する。」というのである。

実際の大綱では露骨な「海兵隊」という言葉は避けられ「水陸両用機動団」[13]と名付けられたが同じである。

## 敵基地攻撃能力

もう一つは自衛隊への敵基地攻撃能力付与である。自衛隊の敵基地攻撃権については、すでに一九五六年鳩山一郎政権当時から、政府解釈によっても認められてはいた[14]。しかし、一九六〇年代以降の運動の昂揚に対応して自衛隊を国民の許容するものにすることで国民の合意をとろうとした政治の下で、こうした「解釈」は具体化されることはなかった。現在これが改めて取り上げられたのである。

北朝鮮による弾道ミサイル攻撃への対処を口実に、自民党提言は、「同盟国による『拡大抑止』の信頼性を一層強固にする観点から、従前から法理上は可能とされてきた自衛隊による『策源地攻撃能力』の保持について、周辺国の核兵器・弾道ミサイル等の開発・配備状況も踏まえつつ、検討を開始し、速やかに結論を得る。」[15]としたのである。この点も薄められた言葉ではあるが、改訂大綱に明記された。

これらは、集団的自衛権容認解釈などと比べてすらまともな議論はなく、二〇一四年度予算から具体化が始まっているのである。

## 3　国家戦略と司令塔—日本版NSC、国家安全保障戦略策定

さらに、安倍政権は、戦後初めて、安保・外交、戦争司令部として、「国家安全保障会議」を設置し、その下に六〇名の事務局を配置した。その下で、これまた戦後初の「国家安全保障戦略」を策定、発表したのである。

戦後日本で、安保・外交の司令塔や国家安全保障戦略が策定されなかった理由は二つある。

一つは、戦後日本では、保守政権はもっぱらアメリカに従属しアメリカの世界戦略を受け入れ、自国の経済発展に専念することで復興をはかってきたからである。外交においても国連での態度においても、アメリカの方針への従属・依存が基本であったため、自前の戦略や司令部は必要なかったのである。

第二の理由は、戦後日本では憲法によって独自の国家戦略を実行する力としての軍事力行使の自由を縛られていたため、国家戦略そのものが立てられないと考えられていたからである。

安倍政権が国家戦略の策定に動いたのは、大きな方向転換を意味する。

この国家安全保障戦略の基本理念として打ち出されたスローガンが「積極的平和主義」であった。「我が国は、今後の安全保障環境の下で、平和国家としての歩みを引き続き堅持し、また、国際政治経済の主要プレーヤーとして、国際協調主義に基づく積極的平和主義の立場から、我が国の安全及びアジア太平洋地域の平和と安定を実現しつつ、国際社会の平和と安定及び繁栄の確保にこれまで以上に積極的に寄与していく。このことこそが、我が国が掲げるべき国家安全保障の基本理念である。」[16] これは、安倍首相がめざす「大国」へ名乗りを上げる宣言の意味を持っていた。

## 4　解釈改憲から明文改憲へ

先述したように、安倍政権の改憲戦略の二つめの特徴は、安倍首相が、アメリカや財界が望まない明文改憲にまですすむ意欲を持っていることである。安倍が解釈改憲を先行させながら、明文改憲をあきらめていない理由は、三つある。

## 明文改憲をめざす三つの理由

一つは、自衛隊を米軍とともに共同行動させるところまでは、解釈改憲で可能であったとしても、いざ日本が戦争に参加するとなれば、日本国憲法の全体系がそれに立ちはだかるからである。

第二は、いわんや、安倍政権がもくろむ軍事大国としての完成には、非常事態規定をはじめとした憲法の全面的改変は不可避と考えられていることである。

そして第三は、あとで触れるように、今政府がすすめている解釈改憲に対する強い異論の下で、政府は、集団的自衛権行使をはじめ、当初政府がもくろんだ憲法の全面改変はできなくなりつつあり、再び解釈改憲の限界に悩まされることが必定だからである。

いざ、自衛隊が海外での米軍との共同作戦に入ったと仮定しよう。自衛隊はかつてひとりの他国民も殺したことがない。戦場に投入されれば、そんな自衛隊は、米軍や他国の軍隊以上に、命令に従うことが難しくなり、また隊員の行動でもさまざまな逡巡が起こるであろう。戦前日本軍も、米軍も、兵士たちの動揺を鎮圧し兵士たちを戦場に縛りつけるために、軍法や軍法会議をもっていたが、日本国憲法はそれを否定している。戦時における言論統制、あるいは戦時において国会をスキップして政府の命令で国民の自由を縛ることができるようにする非常事態規定などは戦争するには不可欠である。

二〇一二年に自民党がつくった「日本国憲法改正草案」はまさしく、そうした日本の「戦争する国」づくりに適合した憲法構想であった。

## 明文改憲の困難

安倍政権は、もちろん、こうした明文改憲を実行することの難しさを承知している。それを突破するために、二〇一三年には、まず改憲手続を緩和して九条改正をやりやすくするべく、九六条改正先行論を唱えたのである。

ところが、安倍政権の予想に反して、「九六条改正は立憲主義に反する」という反対の声が巻き起こった結果、安倍政権は、九六条改正先行論を引っ込めざるを得なかった。

しかし、安倍政権が明文改憲をあきらめていない証拠は、二〇一四年の通常国会で改憲手続法の改正を提案し、可決させたことである。注目すべきは、この改憲手続法改正については、自民党、公明党のみならず、維新の会、みんなの党、民主党など衆院七党派が合意して法案提出に踏み切ったことである。保守多党制、離合集散が繰り返される中で、こうした超党派の合意ができていることは、今後の明文改憲強行の配置を考えると、きわめて注目すべき事態である。

## 四　集団的自衛権行使の閣議決定へ

### 1　安倍政権の誤算

安倍政権は発足以来、めざす大国化の三つの柱のうち最大の柱である「戦争する国」づくりを精力的に推進してきた。二〇一三年には特定秘密保護法の制定を強行し、続いて防衛計画の大綱を改訂し、国家安全保障会議の設立、国家安全保障戦略の策定もおこなった。ところが、安倍政権は肝心の解釈改憲―集団的自衛権行使容認を核とする政府解釈の改変でつまずいたのである。安倍政権の「戦争する国」づくりに大きな齟齬《そご》が生じたのである。では安倍政権の誤算の原因は何か。国民の運動が安倍政権のスケジュールを狂わせたのである。

## 特定秘密保護法反対運動の昂揚

誤算は、安倍政権の軍事大国構想の不可欠の環であり、安倍首相が集団的自衛権行使容認の解釈変更の前に片付けておきたかった秘密保護法制定で起こった。安倍政権は特定秘密保護法の成立へ向け、公明党の了承を取り付け、さらにみんなの党、維新の会とも協議をおこなって「万全」の体制づくりをした上で臨んだのであるが、意に反して大きな反対運動が起こった。

反対運動が昂揚した理由について、くわしい検討は省略するが、以下の点が注目される。

一つは、秘密保護法反対運動では、「戦争する国」づくりの第一歩ではという、平和を守るという点からの危惧の声、反対運動に加え、国民の知る権利を奪い民主主義の基礎を破壊するという民主主義の見地からの反対の声が合流したことである。加えて、法律の強行をもくろむ政府の強行採決がますます疑惑を掻き立てた。戦後の第一の改憲の波を葬った安保闘争も、「再び戦争になるのはいやだ」という平和の声に、安保や自衛隊は認めても岸内閣のファッショ的な強行採決は許さないという民主主義の声が合流したことから国民的共同が成立したが、それと同じ現象が現れたということである。

第二に、そのことも反映して、それまで平和や改憲の動きに敏感でなかったマスコミが、秘密保護法反対に立ち上がったことである。政府は一二月六日に秘密保護法を強行採決したが、安倍政権のもくろみに大きな誤算が生じたのである。

## 集団的自衛権に対する逆風

一つは、それまで二人三脚で歩いていた公明党の動揺であった。運動がなければ公明党が動揺することもなかった。さらに、もともと憲法九条の政府解釈の〝ちゃぶ台返し〟に抵抗していた内閣法制局がなお一層堅い態度をとるようになった。

もう一つは集団的自衛権行使容認の解釈改憲に対するマスコミの批判の強まりである。マスコミは、特定秘密保護法反対のキャンペーンをするなかで、それまで比較的関心の薄かった集団的自衛権の行使容認論にも批判的な態度をとるようになった。

さらに、一三年一二月二六日の安倍首相の靖国神社の参拝でそれら安倍政権の諸施策が一つの絵に結びついた。安倍政権は復古的なタカ派の政権であり、これを抑えなければいけないという視点から、集団的自衛権の行使容認についても批判的な論調を強めたのである。こうしたマスコミのキャンペーンが公明党の動揺をますます誘うという状況がつくられた。

第三に、こうした状況を踏まえて、秘密保護法の時とは異なり、自民党領袖や、これまで政府の憲法解釈に携わってきた内閣法制局長官経験者が、反対の声をあげたことである。

これらの声が、集団的自衛権に九条の立場から反対を唱える九条の会などの運動に合流したのである。

## 2　限定容認論の台頭

そうした反対の声に直面して、安倍政権は、重大な修正と一歩「後退」を余儀なくされた。集団的自衛権の包括的容認をひっこめて、集団的自衛権行使の限定容認論に転じたのである。

### 限定容認論の登場

もともと、政府の言う集団的自衛権とは、「自国と密接な関係にある外国に対する武力攻撃を、自国が直接攻撃されていないにもかかわらず実力で阻止する権利」であり、ポイントは、自国が直接攻撃されていないにもかかわらず武力行使をする権利という点にある。安倍首相は、九条の下では集団的自衛権は認められないとしてきた既存政府解釈を変更して、集団的自衛権の全面容認をめざしたのである。

ところが、それではとうてい国民の合意を得られそうもないという判断の下、新たに出てきた限定容認論とは、「自国と密接な関係にある外国に対する武力攻撃」が加えられただけでなく、それを放置していると「我が国の安全に重要な影響を与える場合」に限って、自国が攻撃を受けていなくとも武力行使できるというふうに集団的自衛権発動の要件を「限定」する、というものであった。他国に対する攻撃に対する武力行使に、我が国の安全という要素を入れ個別的自衛権に近寄らせることで、従来の政府解釈との連続性を主張しようとしたのである。

こうした限定容認論に近い議論は、すでに安保法制懇内でも見られていたが、二〇一四年に入り、集団的自衛権行使容認に対する公明党や内閣法制局の反対が強いという事態を受けて、安倍首相が、前々から限定容認論を唱えていた自民党副総裁の高村正彦を、党幹事長の石破茂に代え集団的自衛権行使をめぐる公明党との調整役に指名したときから有力な落としどころとして浮上したのである。

二〇一四年三月六日、安倍首相は石破に代えて、公明党との協議役の責任者に高村を指名した。高村はまず自民党内の異論を押さえにかかった。三月一七日、自民党の総務会懇談会で高村は、立憲主義違反だという異論に反論する形で、砂川事件最高裁判決を持ち出し、この最高裁判決は自衛権を個別と集団を区別せず、国の「存立を全うするために必要な自衛の措置は執りうる」としているとし、必要な自衛権の範囲内なら集団的自衛権も認められる、立憲主義に違反しないと限定容認論で党内を押さえ込んだ。

続いて、高村は公明党の北側一雄との協議を通じて、限定容認論の承認を迫った。公明党は砂川判決が安保条約の合憲判断の判決であり、該当箇所も、安保の合憲性を導出する部分であるため、集団的自衛権の正当化の理屈にはなり得ないとしながらも、安保法制懇の唱えていた全面容認論でなければ応ずる方向に傾斜した。

こうなると、全面容認論を採る安保法制懇が逆にやっかいとなってきた。そこで、安保法制懇の北岡伸一と法制懇に送り込まれていた外務官僚の兼原信克、防衛官僚の高見沢將林らの力で法制懇報告の中に全面容認論と並んで限定容認論が盛り込まれたのである。法制懇メンバーのほとんどが全く知らない間にこうした修正がおこなわれた。

## 限定容認論の二面性

言うまでもなく、「限定容認論」とはいえ、「我が国の安全に重要な影響を与える場合」という要件自体があいまいであるばかりか、これを判断するのは政府なのだから、これが歯止めになるかという点には重大な疑問がある。

確かに、限定容認論を採ると、アメリカが中米で戦争を起こしても、日本は参加できないであろう。日本が集団的自衛権を行使して参加する戦闘としては、朝鮮半島、中台紛争などアジア・太平洋地域での紛争さらにはシーレーン上での戦争などということになるであろう。アメリカはさしあたりこうした事態での自衛隊参戦で十分、今までよりはるかに「前進」と評価するであろうし、政府もさしあたりこれさえとれればいいという判断が、限定容認論へ転換した背景にあると推測される。

しかし、にもかかわらず、安倍政権がこうした限定容認論を言わざるを得なかったのは、明らかに、最初の大きな「後退」であったのである。自衛隊の海外での武力行使に反対する声の強いもとでは、「我が国の安全に重要な影響を与える事態」ということの解釈が問われるであろうし、今後の運動次第で、これが再び政府の派兵の足を引っぱることになりかねないからである。

## 第一次安保法制懇報告書の矛盾

ともあれ、安保法制懇の報告書には、土壇場になって急遽、全面容認論と並んで限定容認論が入ったのである。しかし、その結果、安保法制懇報告は一層矛盾に満ちたものとなった。

もともと第一次法制懇報告書も、集団的自衛権の容認をどう正当化するかで、矛盾した二つの立場を同居させていた。

法制懇の報告は、憲法九条の下で、集団的自衛権を包括的に容認する論理として、いわゆる芦田解釈論を採用した。つまり、九条第一項はすべての戦争を否定しているのではなく「国際紛争を解決する手段」としての戦争のみを否定しているから、自衛のための戦争や制裁戦争は否定されていない。第二項は冒頭で「前項の目的を達するため」、戦力を持たないと言っているのだから、自衛のための戦力は禁止されていない。だから、自衛のための戦争は個別的自衛権にもとづこうが集団的自衛権にもとづこうが、九条は禁止していない。また集団安全保障への参加も禁止されていない。そもそも第一項は「国際紛争を解決する手段としての」戦争を放棄しているが、この場合の「国際紛争」とは日本が主体となった紛争であるから、国連決議にもとづいておこなわれる集団安全保障は第一項の禁止する戦争ではない、という議論である。

しかし、もしこの芦田解釈を認めると、第一次法制懇報告が努力した四類型などの検討は全く意味のないものになる。なぜなら、はじめから九条はあらゆる集団的自衛権を包括的に認めているのだから、個々の事例の検討などは無用となるからである。ところが報告書は、他方で、一生懸命、四類型について、特例的に議論して、こういう場合には集団的自衛権を認めないと大変だと言っていたのである。

## 第二次報告書の矛盾

今回の報告書ではその矛盾はさらに拡大した。一方で報告書は芦田解釈をとり、集団的自衛権行使も、集団安全保障も、一括して、九条の下でも合憲だと述べていた。しかし、他方、報告書は安倍官邸の思惑を踏まえ、政府解釈を前提にして、限定容認論も展開したのである。「集団的自衛権については、我が国においては、我が国と密接な関係にある外国に対して武力攻撃が行われ、その事態が我が国の安全に重大な影響を及ぼす可能性があるときには、我が国が直接攻撃されていない場合でも、その国の明示の要請または同意を得て、必要最小限の実力を行使してこの攻撃の排除に参加し、国際の平和及び安全の維持・回復に貢献することができることとすべきである。」(傍点引用者)[17]というのである。芦田解釈を採れば、こんな七面倒な「限定」はいらないのにである。

とはいえ、未だ安保法制懇報告は、政府の当初のもくろみに沿って、集団的自衛権の全面容認論、集団安全保障への参加合憲論、さらには、後方支援を制限する「他国の武力行使との一体化論」の全面否定、などの主張が盛り込まれていた。これが発表されてしまえば、やはり安倍政権の本音は、自衛隊のあらゆる場合の武力行使を容認するということなのだと見なされ、以後、公明党との協議は困難を極めることになりかねない。そこで、政府はさらなる「後退」を余儀なくされたのである。

## 五月一五日安倍記者会見のねらい

安倍政権は、この法制懇の見地からさらに「後退」した。安保法制懇の報告を五月一五日に延ばした上で、政府は、同日夕刻、法制懇報告の受領直後に記者会見を開き、何と安保法制懇報告の半分を否定してしまったのである。

それは安保法制懇が芦田解釈を使って、包括的に集団的自衛権、集団安全保障を容認した部分であった。そして安倍の記者会見では、安保法制懇の報告のうち高村理論の限定容認論のところだけを採用すると明言したのである。

「今回の報告書では、二つの異なる考え方を示していただきました。

一つは、個別的か、集団的かを問わず、自衛のための武力の行使は禁じられていない、また、国連の集団安全保障措置への参加といった国際法上、合法な活動には憲法上の制約はないとするものです。しかし、これはこれまでの政府の憲法解釈とは論理的に整合しない。私は憲法がこうした活動の全てを許しているとは考えません。したがって、この考え方、いわゆる芦田修正論は政府として採用できません。自衛隊が武力行使を目的として湾岸戦争やイラク戦争での戦闘に参加するようなことは、これからも決してありません。

もう一つの考え方は、我が国の安全に重大な影響を及ぼす可能性があるとき、限定的に集団的自衛権を行使することは許されるとの考え方です。生命、自由、幸福追求に対する国民の権利を政府は最大限尊重しなければならない。憲法前文、そして憲法一三条の趣旨を踏まえれば、自国の平和と安全を維持し、その存立を全うするために必要な自衛の措置を採ることは禁じられていない。そのための必要最小限度の武力の行使は許容される、こうした従来の政府の基本的な立場を踏まえた考え方です。政府としてはこの考え方について、今後さらに研究を進めていきたいと思います。」[18]（傍点引用者）と。

注目すべきは、安倍首相は会見で、集団的自衛権の限定容認論を表明したばかりでなく、集団安全保障への自衛隊の参加は当面認めないという態度も表明せざるを得なかったことであった。これも、日本が大国として、海外に打って出るという安倍首相の標榜する「積極的平和主義」から言えば大きな「後退」であった。

この記者会見に基づき、五月二〇日以降、「安保法制整備に関する与党協議会」が開催され、「限定行使」論にもとづいて自公協議が始まった。そして公明党との一カ月の協議のなかで、さらに、政府・自民党は表面的には公明党に譲歩した。限定行使の要件の部分は、一層「厳格に」、「我が国と密接な関係にある他国に対する武力攻撃が発生し、これにより我が国の存立が脅かされ、国民の生命、自由及び幸福追求の権利が根底から覆される明白な危険がある場合において」という長い条件になったのである。これで公明党と「手打ち」をしたのが、七月一日の閣議決定であった。安倍首相がめざした解釈改憲は大きな一歩を踏み出したのである。

## 小括　戦後日本の岐路

以上見たように、集団的自衛権行使容認論は、解釈で、戦後日本が七〇年にわたって歩んで来た道――すなわち、日本は自国の国益や主張を通すために武力を行使することはない、海外での武力行使はしないという道――を転換する、文字通り日本の進路の大転換を図る政策である。それが、日本もアメリカや中国と肩を並べる軍事大国になるという安倍首相の野望の下に強行されようとしているのである。

しかし、この道は、決して日本がアジアの「大国」として大きな役割を果たし、日本とアジアの平和を実現するのに貢献する道ではなく、現在のアジアの紛争に解決の展望を与えるものでもない。

私たちは、安倍政権のこうした軍事大国化、改憲の動きに対して、国民的共同の力でこれを阻む必要がある。

【注】

1　渡辺治「アメリカ帝国の自由市場形成戦略と現代の戦争」渡辺・後藤道夫編『講座戦争と現代Ⅰ「新しい戦争」の時代と日本』大月書店、二〇〇三年刊、所収、参照。

2　アンソニーレイク「封じ込めから拡張戦略へ」『赤旗評論特集版』一九九三年一一月二九日号、所収。

3　以下の「大国化」に関しては、本論稿の直後に書いた、渡辺治ほか著『大国への執念—安倍政権と日本の危機』大月書店、二〇一四年、第一章においてくわしく検討した。参照していただければ幸いである。

4　谷内正太郎『外交の戦略と志—前外務次官谷内正太郎は語る』産経新聞出版、二〇〇九年、一〇七頁。

5　同前、一三六頁。

6　この点は、渡辺ほか前掲『大国への執念』第一章でくわしく検討した。

7　「米国と日本（第1次アーミテージ報告）」、渡辺治編著『憲法改正問題資料集（上）』二〇一五年刊、五二四頁以下、所収。
8　新たな時代の安全保障と防衛力に関する懇談会「新たな時代における日本の安全保障と防衛力の将来構想―平和創造国家をめざして」二〇一〇年八月二七日、渡辺編著、前掲『憲法改正問題資料集（下）』所収。
9　アーミテージ・ナイ・春原剛『日米同盟VS中国・北朝鮮』文藝春秋、二〇一〇年、二七一頁。
10　この集団的自衛権について、山内敏弘「憲法九条と集団的自衛権」『獨協法学』九一号、二〇一三年八月、のち同『「安全保障」法制と改憲を問う』法律文化社、二〇一五年に収録、三七頁以下。
11　この点につき、山内前掲論文、阪田雅裕編著『政府の憲法解釈』有斐閣、二〇一三年、八〇頁以下、参照。
12　渡辺編著、前掲『憲法改正問題資料集（下）』八二五頁以下に収録。
13　同前、八七一頁以下。
14　阪田、前掲書、四四頁以下。
15　渡辺編著、前掲『憲法改正問題資料集（下）』八三一頁。
16　「国家安全保障戦略」、同前、八五六頁。
17　「安全保障の法的基盤の再構築に関する懇談会報告書」、同前、八九三頁以下に収録。
18　「安倍総理記者会見」、同前、九二六頁以下に収録。

# 第二章　安倍政権の戦争法案と国民的共同のたたかい
## ――閣議決定から法案の提出へ

（二〇一五年三月稿）

### はじめに

二〇一四年一二月一四日の総選挙で自民党が議席のうえでは「圧勝」し、安倍政権の政治は新たな段階に入った。一五年通常国会では、安倍政権が執念で実現をめざしてきた「戦争する国」づくりの本命、戦争立法が登場する。改憲の新たな段階に入ったと言わねばならない。

一四年七月一日、通常国会終了直後、安倍首相は、念願の集団的自衛権行使容認を柱とする解釈変更の閣議決定「国の存立を全うし、国民を守るための切れ目のない安全保障法制について」に、何とかこぎ着けた。首相の当初のもくろみでは、閣議決定に基づく解釈変更を踏まえた戦争立法を秋の臨時国会に出し、同時に日米ガイドラインを改訂して、念願の自衛隊の海外での戦争体制を完成させるつもりであった。

しかし、この閣議決定に対して、安倍首相の予想を越える反対の声が上がり、マスコミも、閣議決定に批判的な論調を強める中、このもくろみには大きな狂いが生じた。

とくに注目されたのは、閣議決定に対し、それがアメリカの戦争に武力行使で加担する「戦争する国づくり」をすすめるものだという反対論と同時に、集団的自衛権行使容認というような、憲法九条についての既存解釈の根本的転換を一内閣の閣議決定でおこなうことは、立憲主義の真っ向からの蹂躙だという反対論が巻き起こったことだ。

七月一日の閣議決定後も、集団的自衛権行使容認については、政府支持の立場を明確にする読売新聞世論調査でも五一％が反対と答え、安倍政権の支持率は急落して四八％、内閣発足以来、初めて五〇％を割り込んだ[1]。支持率回復をねらっておこなった一四年九月の内閣改造でも、目玉にした女性閣僚、小渕優子、松島みどりのスキャンダルが相次ぎ、支持率回復どころか政権の命取りになりかねない危機となった。さらに秋には、二〇一五年一〇月に予定された消費税率の一〇％への引き上げについての決定が迫っていた。

おまけに、一五年春には、四年に一度のいっせい地方選挙が控えていた。公明党はこの選挙で、集団的自衛権が争点になることは絶対避けたいと思い定めていた。

こうした四面楚歌の下、安倍政権は、戦争立法の作成、国会提出を、一五年通常国会、それもいっせい地方選後の五月連休明けまで大幅に遅らせることを強いられたのである。

このままでは、通常国会での戦争立法の成立も危うい。そこから安倍首相の「反攻」が始まった。まず、安倍政権は、夏から秋にかけて、財務省、財界の反対、抵抗を押し切って消費税引き上げ延期を決め、その是非を国民に問うという形で解散・総選挙に打って出た。戦争立法も、消費税も、TPPも未だ具体的姿をあらわさないうちに総選挙をおこない、これら難題を強行する体制をつくることをねらったのである。この安倍首相の思惑はさしあたり図にあたった。自民・公明両党はあわせて衆議院の三分の二を上回る議席を確保したからである。

戦後七〇年の二〇一五年、奇しくも戦後日本の進路を左右する正念場がやってきた。

本章では、戦後日本の進路の根本的転換を図ろうとする二〇一四年七月一日の閣議決定と、それをほぼ全面的に法案化した戦争立法のねらいと危険性を改めて検討し、その試みに立ち向かう「国民的共同」のたたかいの課題を明らかにしたい。

## 一　閣議決定とは何であったか

### 1　集団的自衛権行使の容認へ

まず、七月一日の閣議決定の内容を改めて検証したい。この閣議決定は、たしかに集団的自衛権行使容認を中心としているものの、それに止まらず、今まで自衛隊の海外での活動を制約してきた政府解釈の根本的改変をおこなうものであったからである。

この閣議決定の第一の特徴は、いうまでもなく、政府解釈変更の焦点である、集団的自衛権行使は違憲であるという、これまでの政府解釈を変更した点である。

安倍政権のめざす、集団的自衛権行使に関する政府解釈変更の大きな障害物は、既存政府解釈を積み重ねてきた内閣法制局と公明党であった。これらとの合意を得るために、安倍政権は、集団的自衛権の限定行使論に転じ、この線で、二〇一四五月二〇日以来自民党、公明党の間で与党協議がおこなわれ、基本的に、この限定行使論の線でまとまったのが、閣議決定である。

その際、すでに第一章で指摘したように、政府側が提示していた限定行使の条件である「我が国の安全に重要な影響を与える事態」という言葉に代わり、公明党側から提示され、最終的に閣議決定の文言になったのは、「我が国と密接な関係にある他国に対する武力攻撃が発生し、これにより我が国の存立が脅かされ、国民の生命、自由及び幸福追求の権利が根底から覆される明白な危険がある場合において、……必要最小限度の実力を行使することは、従来の政府見解の基本的な論理に基づく自衛のための措置として、憲法上許容されると考えるべきである」というものであった[2]。

## 集団的自衛権行使容認の二つの側面

この閣議決定の意義には二つの側面がある。一つは、この閣議決定で、政府が長年保持してきた、集団的自衛権行使は認められないという解釈が変更されたという点である。どんなに長い条件がつこうが、我が国が武力行使をされなくても武力の行使が認められることには変わりがない。ここが肝心な点である。

集団的自衛権行使容認に「厳しい」限定がついたため、公明党や一部の憲法学者、一部のマスコミも、内閣法制局や公明党の努力によって、閣議決定は、いままでの政府の解釈である個別的自衛権の微修正に止まった、という言説を繰り返している。これが全くの誤りだということは見ておく必要がある。

たとえば、公明党委員長山口那津男は、七月一日安倍首相に続いて記者会見に臨み、「個別的自衛権に匹敵する事態にのみ発動されるとの歯止めをかけて、憲法の規範性を確保した」と述べ、さらに記者の質問に答えて「集団的自衛権の行使は認めていません」と断言した。閣議決定は個別的自衛権に毛の生えたようなものであり、「他国防衛を目的とする」集団的自衛権を認めたものではないというのが山口の言い分であったが、自国に対する武力攻撃に対して武力を行使するのか、自国への武力行使がなくとも発動するのかの間には万里の長城があることを山口は故意に無視したのである。

## 「限定」は今後のたたかいで生きてくる

しかし、この閣議決定には、もう一つの側面がある。それは、今後自衛隊の集団的自衛権行使を根拠づける法改正がおこなわれる際、この条件は、自衛隊法改正等の大きな足枷《あしかせ》となる点である。

政府は、今度の閣議決定に基づいて、自衛隊の権限を拡大するため、自衛隊法をはじめ周辺事態法、武力攻撃事態法等多くの法律改正に着手せざるを得ない。これがなければ自衛隊は、集団的自衛権の限定行使の場合も行動できないからである。その立法作業に際して、集団的自衛権行使につけられた長い条件は、自衛隊の活動を縛る新たな制約となるであろう。どういうときが「我が国の存立が脅かされ、国民の生命、自由および幸福追求の権利が根底から覆される明白な危険がある場合」なのかという追及が国会審議を通じて徹底しておこなわれれば、法の発動は相当程度に限定され、また窮屈なものになるであろう。

## 2　後方支援に関する限界の打破

本閣議決定は、もっぱら集団的自衛権をめぐる解釈変更に注目が集まったが、実はそれ以外の部分でも重要な解釈変更がなされていた点は見逃せない。

本閣議決定で注目すべき第二点は、今まで自衛隊の活動を縛ってきた「武力行使との一体化」は認められないという制約を、大幅に緩和し、事実上廃棄したことである。

これまで政府解釈は、直接武力行使に至らない「後方支援」の活動でも、それが、他国の武力行使と一体化することで、武力行使をおこなったとの評価を受けることは許されないとして、武力行使と一体化しないよう、自衛隊の後方支援を「後方地域」や「非戦闘地域」に限ってきた。また「後方支援」の内容にも厳しい制約をかけてきた。

安保法制懇は、こうした制約が安倍政権の掲げる「積極的平和主義」の足枷になるとして、集団的自衛権の包括的容認と同時に、自衛隊の国際平和協力活動は我が国が主体となっておこなう活動ではないから九条とは無関係であるとして、「武力行使と一体化」論を根本的に否定した。

それに対して、閣議決定は、そうした安保法制懇の立場はとらず、既存政府解釈による「武力行使との一体化」論を一応踏襲しつつ、それを大幅に緩和したのである。閣議決定が「一体化」論を正面から否定しなかったのは、今まで解釈を積み上げてきた内閣法制局、それと連携する公明党への配慮からであった。

「政府としては、いわゆる『武力の行使との一体化』論それ自体は前提とした上で、その議論の積み重ねを踏まえつつ、これまでの自衛隊の活動の実経験、国際連合の集団安全保障措置の実態等を勘案して、従来の『後方地域』あるいはいわゆる『非戦闘地域』といった自衛隊が活動する範囲をおよそ一体化の問題が生じない地域に一律に区切る枠組みではなく、他国が『現に戦闘行為を行っている現場』ではない場所で実施する補給、輸送などの我が国の支援活動については、当該他国の『武力の行使と一体化』するものではないという認識を基本とした以下の考え方に立って、我が国の安全の確保や国際社会の平和と安定のために活動する他国軍隊に対して、必要な支援活動を実施できるようにするための法整備を進めることとする。」[3]（傍点引用者）というのである。

こうした自衛隊の「後方支援」の拡大は、アメリカが強く望んできたことであり、この制約打破は、集団的自衛権の限定行使以上にアメリカの歓迎する変更であった。

一体化論がなくなれば、自衛隊は「後方支援」——狭い意味での武力行使をしない——という口実さえあれば、いつでもどこへでも行けることになる。これからは、「イスラム国」に対しても、シリアやウクライナにも、輸送や調達という後方支援名目であれば、派兵はできるようになるのである。

どうしてこんなことになったのであろうか。政府・自民党は、集団的自衛権容認を振りかざして公明党に圧力を加え、公明党も国民の手前「抵抗」した。その結果、政府は、公明党や法制局に限定行使論という形で「譲歩」を余儀なくされたが、その代わりに自衛隊の海外での活動を阻んでいるもう一つの壁を取り払うことにまんまと成功したのである。「武力行使との一体化」論を撤廃して、自衛隊は、「後方支援」を口実にすれば、どの戦地にも行けるようになったのである。公明党も、法制局もこちらは丸呑みした。

## 3　平時での米軍との共同軍事行動の解禁

### 自衛隊法九五条改正

本閣議決定の注目すべき第三点は、離島の周辺地域等における外部からの武力攻撃に至らない侵害、いわゆる「グレーゾーン事態」に際して、自衛隊の治安出動、海上警備行動発令の手続の迅速化、さらに自衛隊と米軍との連携行動中の米軍に対する「武力攻撃に至らない侵害」の発生に対して自衛隊が、自衛隊法九五条の「武器等防護」のための武器使用に準じて、攻撃国に対する武器使用ができるよう、法整備をすることが確認されたことである。

南シナ海や太平洋地域において米軍との共同監視行動や共同演習中、米軍と中国軍等との偶発的衝突に際し、従来自衛隊は、自分に対する攻撃でなければ応戦できなかったが、米軍への攻撃であっても、自衛隊の「武器等防護」という口実で応戦できるようにするという解釈変更で、これは、自衛隊法九五条改正を梃子にした事実上の集団的自衛権行使容認にほかならない。

これまた、平時における米軍と自衛隊との共同行動を本格化するものであった。

## ＰＫＯ活動の拡大

本閣議決定で注目される第四点は、いままで政府解釈として認めてこなかった、国連ＰＫＯ活動に際してのいわゆる「駆け付け警護」「任務遂行のための武器使用」さらには、在外邦人救出のための武器使用を解禁したことである。

「我が国として、『国家又は国家に準ずる組織』が敵対するものとして登場しないことを確保した上で、国際連合平和維持活動などの『武力の行使』を伴わない国際的な平和協力活動におけるいわゆる『駆け付け警護』に伴う武器使用及び『任務遂行のための武器使用』のほか、領域国の同意に基づく邦人救出などの『武力の行使』を伴わない警察的な活動ができるよう、……法整備を進めることとする。」[4]と。

このようにみると、閣議決定では、安倍政権は、集団的自衛権の行使容認を前面に掲げて内閣法制局や公明党に圧力をかけつつ、その実、自衛隊の活動を縛ってきた既存政府解釈に大穴を開けたのである。

いる。閣議決定だけでは自衛隊は海外で戦争はできない。閣議決定という行政府の決定だけでは自衛隊は動けず、自衛隊の活動を根拠づける膨大な法令の改正や新たな立法を制定する必要があるからである。その戦争立法が二〇一五年の一八九通常国会に提出されるのである。

## 二　正念場の二〇一五年—戦争法案の提出へ

### 1　戦争立法の提出へ

#### 戦争立法の提出

二月一三日から、閣議決定を法案化するため、「安全保障法制整備に関する与党協議会」が再開され、七回の会議を経て、三月二〇日に、両党は戦争立法のおおすじで合意に達し、「安全保障法制整備の具体的な方向性について」を確認した。この合意を下に、五月中旬には法案を国会に提出することをめざして準備することも確認された。

朝日新聞などは、公明党の「抵抗」を強調しているが、事態はそれとは全く異なり、すでに閣議決定への攻防の過程で、双方の合意は成り立っていた[5]。いつでもどこでも自衛隊を海外に派兵できるようにする派兵恒久法の制定、周辺事態法の抜本改正をも公明党は呑んでいるのである。

さらに重大なことは、この戦争立法の枠組みの確定を待って、四月下旬には、アメリカとの間で、新ガイドラインの締結がおこなわれることである。戦争立法が国会にかけられない前から、新ガイドラインで、自衛隊の海外派兵、米軍に対する全面支援がその細目に至るまで約束されてしまうのだから、立憲主義の蹂躙も極まれりである。

法案は、連休明け五月中旬に国会に出てくる。もしこれが通るようなことになると、憲法九条は事実上、憲法としての意味をなさなくなる危険がある。自衛隊が海外に自由に出動でき、アメリカと共同で軍事行動がとれるということになったら、九条を持たない「普通の国」と変わりはなくなるからである。それが戦争立法の最大のねらいなのである。

現在与党協議で検討されている戦争立法は、集団的自衛権の行使容認が核であるが、それだけではない。法案は大きく言って、三本の柱によって成り立っている。日々の新聞・テレビの報道では、いったい何がおこなわれているのかがよくわからないのだが、私たちは、いま戦争立法がねらっているものが何なのかをきちんとつかむ必要がある。そこで、以下に法案の内容を、三つのねらい、危険性に絞って明らかにしよう。

## 2　戦争立法の三つの危険性

### 第一の柱・「後方支援」ならいつでもどこへでも自衛隊を派兵できる体制

第一の柱は、直接武力行使をしない「後方支援」という口実ならいつでも、どこでも、どんな戦争にでも、あらゆる形で、自衛隊がアメリカの戦争に加担できるよう法律をつくり、改正することである。これは、周辺事態法の改正と海外派兵恒久法の制定を中心におこなわれようとしている。

＊実際の法案は、周辺事態法等一〇本の法律の改正を合わせた平和安全整備法と、ここでいう海外派兵恒久法にほぼ匹敵する国際平和支援法の二本立てになった。

「いつでも」というのは、アメリカの戦争が、日本の安全に影響がある時もない時も、アメリカの戦争に加担するという意味である。アメリカの戦争が「我が国の平和と安全に重要な影響」を与える場合には、周辺事態法という法律を改正して発動範囲を拡大し、それを根拠に自衛隊を海外でのアメリカの戦争に加担させようとしている。朝鮮戦争や、南シナ海などでの紛争、さらには中東の戦争でも「我が国の平和と安全に」影響ありという口実がつけば、この法律で自衛隊を派兵することができる。

もともと周辺事態法は、「我が国周辺の地域における我が国の平和及び安全に重要な影響を与える事態」に対処するアメリカの戦闘作戦行動に日本が協力するものであるが、この周辺事態法には二つ大きな制約があった。

一つは、支援対象となる米軍の戦闘作戦行動でも、「我が国周辺の地域」という条件がついていたため、イラクやアフガニスタン、アフリカでおこなわれる米軍の戦闘作戦行動への支援はできないという制約である。

もう一つは、自衛隊が後方支援する場所も、戦場はだめで、「後方地域」という場所に限っていた点である。この「後方地域」とは、同法第三条ではこう定義されていた。「我が国領域ならびに現に戦闘行為が行われておらず、かつ、そこで実施される活動の期間を通じて戦闘行為が行われることがないと認められる我が国周辺の公海……及びその上空」、簡単にいえば戦場と離れた場所である。

今回、周辺事態法を改正して、米軍の戦闘作戦行動のうち「我が国の平和及び安全に重要な影響を与える事態」という口実さえつけば、「我が国周辺」ということにはこだわらず、どこでおこなわれている米軍の作戦にでも応援できるように変える。だから周辺事態法の「周辺」という言葉をとって、「重要影響事態法」という法律にしてしまう。それが、この改正の中身である。

しかし、アメリカの戦争には、どう口実をつけても、日本の安全とはなんの関係もない戦争もたくさんある。アフガンの戦争、シリアへ米軍が介入する場合さらにはウクライナの戦争、こういうときにも、新たに「海外派兵恒久法」という法律（＊実際には国際平和支援法と名づけられた）をつくって、自衛隊が「国際社会の平和と安全」を名目にして派兵できるようにしようとしている。周辺事態法で行くことが難しいかもしれないような、日本の安全となんの関係もない戦争でも行けるようにしようというわけである。

「どこでも」というのは、先に述べたように、今まで政府解釈で、自衛隊が「武力行使との一体化」とならないよう、戦地には行かないという制限があったのを取り外し、どこの戦場にも派兵できるようにするということである。

＊実際の法案では「現に戦闘行為が行われている現場」以外ならどこでも、となった。周辺事態法でも海外派兵恒久法でも、自衛隊はどこでも、つまり戦地にでも赴くことができるようになる。

「どんな戦争にでも」というのは、国連決議で、多国籍軍の組織された戦争だろうと、国連決議のないアメリカ主導の「有志連合」の戦争だろうと、自衛隊は後方支援に行けるということとである。

周辺事態法はもともと、国連とは関係ない米軍の作戦行動に対する後方支援を根拠づける法律であった。「国際社会の平和と安全を脅かす」事態への対処を名目とする海外派兵恒久法も、国連決議のない戦争にも自衛隊が派兵できるようにするというのである。

公明党は、与党協議の中で、国連決議にこだわったが、結局何らかの形で「国連決議」が出れば行けるようにするということで合意が成り立った。「具体的な方向性について」という与党合意文書では「国連決議に基づくものであることまたは関連する国連決議があること」となっているので、たとえば、シリアでも、多国籍軍を派遣するという国連決議が出ていなくとも、シリアの事態について懸念を表明する国連決議さえあれば、米軍を中心とした有志連合への後方支援はできることになるので、事実上どんな戦争にでも行けることになる。

「あらゆる形で」というのは、武力行使をしなければ、輸送、調達、修理・整備、医療、通信、宿泊、保管、訓練業務、捜索救助、弾薬提供等々何でもできる、また、停戦監視、治安維持だろうと、船舶検査だろうと、邦人救出だろうと、どんな形でも自衛隊はできるようにするということである。これも周辺事態法の改正、海外派兵恒久法、さらにはＰＫＯ協力法の改正などでできるようにしようとしている。

要するに、今度の戦争立法で、「後方支援」という口実なら湾岸戦争にも、ソマリアへも、ユーゴへも、アフガンへも、イラクへも、シリアへも、ウクライナへも、九〇年代以来、アメリカがおこなったすべての戦争・介入に自衛隊は参加できるようになるのである。これこそ、アメリカが待ち望んできた、アメリカの戦争への加担の実現である。

## 第二の柱・集団的自衛権行使、アメリカの戦争に武力行使で加担

第二の柱は、アメリカの戦争のうち、放っておくと、「我が国の存立が脅かされ、国民の生命、自由および幸福追求の権利が根底から覆される明白な危険」があるとき——いわゆる「存立危機事態」——には武力行使、すなわち人殺しもできるようにすることである。これが集団的自衛権の限定行使であることはいうまでもない。

第一の柱は、直接武力行使しない「後方支援」であるが、二番目の柱は、「我が国の存立を脅かす事態」ということになれば、日本が攻められていなくても武力行使ができる。アメリカの戦争に自衛隊は武力をもって参加することができる。

そのために自衛隊法の改正で、「防衛出動」の要件を拡大し、日本が攻められたときだけでなく、「存立危機事態」のときにも自衛隊は自衛権を発動できるようにする。

また、武力攻撃事態法という有事法制のなかに、我が国が攻撃される「武力攻撃事態」、放

っておくと日本が攻撃されることが予測される「武力攻撃予測事態」と並べて、今回はより広く、武力攻撃が「予測」などされなくても「我が国の存立が脅かされる」ような「存立危機事態」を設け、——例えばペルシャ湾における機雷のために石油が止まったときはそれにあたると安倍首相は言っている——そういう事態でも自衛隊が戦争・武力行使ができるようにしようというのが二番目の柱である。そのために自衛隊法を改正し、また武力攻撃事態法のなかに「存立危機事態」を入れることが検討されている。

＊これは実際の法案では、平和安全整備法の中の、自衛隊法改正、武力攻撃事態法改正—武力攻撃・存立危機事態法でなされた。

## 第三の柱・日常的な日米共同軍事行動、ＰＫＯ活動における武力行使に踏み込む活動

第三の柱は、日常的に米軍や場合によってはオーストラリア軍と共同で、アジア・太平洋地域をパトロールし、情報収集、警戒監視をおこなったり、日米共同訓練をおこなったりできるよう、そうした共同監視、訓練時に、米艦等が攻撃された場合には、自衛隊も応戦できるようにすることである。

現在の自衛隊は、共同で軍事パトロールや演習をおこなっているときに、米軍が攻撃されたとき、日本が反撃するということは集団的自衛権行使にあたるためできないとされてきた。そ

のため軍事演習に参加する場合でも、日本は特別の地位で参加する形をとっていた。それを是正して、常時、共同で軍事演習をおこないパトロールをやるために、米軍やオーストラリア軍が攻撃された際に自衛隊も応戦できるようにしようというわけである。

これは先に指摘したように、集団的自衛権行使にほかならないが、集団的自衛権でやると批判が来るので、自衛隊法九五条の「武器等防護」の規定を改正し、米軍等も自衛隊の「武器等」とみなしその「防護」のため、という口実で、できるようにしようとしている。

これに加えて、ＰＫＯ協力法も改正し、駆け付け警護、任務遂行のための武器使用、さらに治安維持活動にも携われるようにすることがめざされている。こうなると国連ＰＫＯにおいても、九条と政府解釈がこれまで禁止してきた「武力行使」ができるようになる。

この三つの柱が、法案の中味である。

まとめて言えば、国連決議があろうとなかろうと、日本の安全に重要な影響を与える事態であろうとなかろうと、いつでもどこでも自衛隊はアメリカの戦争に加担することができ、場合によれば武力行使もでき、日常的にも米軍と共同で軍事作戦行動をとることができるようになる。――これが安倍政権が閣議決定を踏まえ、戦争立法でおこなおうとしている「戦争する国」づくりなのである。法案がつくられるまで、今後もさまざまな紆余曲折はあろうと思われるが、基本的にはこの三つの柱を実現するのが、戦争立法のねらいである。

## 3　戦争法案の強行と明文改憲

もし私たちが反対運動によって安倍政権を倒しこの戦争立法を廃案にすることができれば、「戦争する国」づくりはできないことになる。その意味で、安倍首相にとっても、私たちにとっても、今度の通常国会が正念場になる。

政府は、いっせい地方選挙の終わる五月の連休明けに法案提出を予定しているが、大きな反対運動でこの提出に待ったをかけ、たとえ出てきても、必ず廃案に追い込まねばならない。

逆に、もし安倍政権が、この戦争立法を通すようなことになると、間違いなく安倍政権は明文改憲をねらってくるであろう。九六条改憲論で一度は失敗したものの、再度出してくることは間違いない。

もちろん、安倍政権は、この明文改憲が容易ならぬものであることを自覚している。とくに九条に手をつけるような改憲の場合には、国民が強い警戒心と反発をもたらす。安倍首相は、これまで何度も国民の反発によって改憲が挫折してきたという教訓、とくに第一次安倍政権においては九条の会の力によって明文改憲が挫折したという教訓を踏まえて今回臨んでいる。

解釈改憲を先行させる戦略もその教訓を踏まえてのものである。そして安倍政権は明文改憲に対しても、ある戦略を持って臨んでいる。筆者はそれを「段階的改憲論」と呼んでいるが、九条からはいかないという戦略である。

公明党や民主党、多くの国民が反対しないような条項の改正からすすめるという戦略である。環境権、緊急事態条項――戦争をする場合には不可欠の規定だが、安倍政権は福島や震災のような事態に対処するためには必要という口実でこれをねらっている――、財政健全化条項――新自由主義改革をすすめるためには大企業に負担をもたらす財政支出の拡大は避けなければならない――を入れる。この内容で、二〇一六年の参議院選挙後に最初の改憲を実行する。そして自民党憲法改正推進本部長の船田元が言うように「国民の改憲に対する警戒心を解く」。そのうえで、本命の九条改憲をやろうという段階的改憲論が、安倍首相の改憲戦略である。

安倍首相は、いままで七〇年にわたり自民党政治が何度もチャレンジしてもできなかった改憲を実現したいという思いが強く、なみなみならぬ決意をもってやってこようとしている。

重要なのは、注目を集めた二〇一二年の自民党の「日本国憲法改正草案」は、そのままの形では出てこないということである。これが彼らにとっての理想の形ではあるのだが、船田元はこの間「このまま原案になることは全くない。ほとんどずたずたになる」[6]と言っている。要するに、これがいきなり出てきたら国民は警戒するだけだから出さないと言っているのである。

しかし改めて強調しなければならないのは、安倍政権の最大目標である戦争立法が通らなければ、明文改憲を出すことはできないという点である。戦争立法を阻めば、安倍政権は倒れるか、倒れないまでも政治力は無力化する。たとえ安倍首相が生き残っても、逆に安倍首相が石破首相や谷垣首相に代わっても、明文改憲は絶対に出てこない。

## 4　「構造改革」の凶暴な実行を許すかどうかの正念場

正念場を迎えるのは、戦争立法、改憲問題だけではない。新自由主義改革の凶暴な実行を許すかどうかも、今度の通常国会が大きな正念場となっている。労働者派遣法、労働基準法など雇用労働立法の改悪、医療保険制度の抜本改悪＝都道府県化と医療提供体制改革による皆保険体制の解体、原発の再稼働、ＴＰＰ……などである。

戦争立法を私たちが国民的な共同でつぶすたたかいを盛り上げれば、安倍政権がこの新自由主義改革を貫徹することは難しくなる。たたかいが盛り上がれば、この「構造改革」の凶暴な実行を許さないことが十分に可能となるのである。

## 5　安倍政権の三つの矛盾と弱点

これまで強調したように、安倍政権は、戦後歴代政権の中でも容易ならざる政権であることは間違いない。しかし、過小評価はできないが、けっして強い政権だとは言えない。

一つは何と言っても安倍首相がやろうとしている大国化政策は、戦後七〇年にわたって、自民党政権ですら続けてきた安保・外交のあり方を根本的に変えることになるからである。これまで自民党政権を支持してきた保守層のなかでも、安倍首相の掲げる転換は、日本の将来に平和と繁栄の方向をもたらすのかという点で、大きな危惧と警戒の念を呼び起こしている。

戦後の自民党政権は、安保条約のもとで全土の米軍基地化を認め、自衛隊を維持・拡大してきた。アメリカに追随する外交をおこない、まともな戦争責任の反省もしてこなかった。しかし、その自民党政権ですら、自衛隊は海外で武力行使をしない、海外に行かないという点は守ってきた。さらには、アジアを大事にする、日本はアジアのなかで協調するという原則も守ってきた。とくに中国と韓国についてはそれなりに十分な配慮をもち、外交をやってきた。

いま安倍政権がやろうとしているのは、一つは武力で海外に行かないという原則を壊すことであり、もう一つは大国化によって、中国・韓国とは対峙していくという外交である。これは戦後の日本の繁栄をもたらした政策の根本的転換である。だからこそ地域の良心的な保守層の中からすら、安倍政権への懐疑と離反が起こっているのである。

集団的自衛権の閣議決定に対し、中央紙は三対三で分かれたが、地方紙の場合は四一紙が集団的自衛権に反対した。これは、明らかに平和の問題で保守層を含めた形での安倍政権からの離反が起こっていることの反映にほかならない。

二番目は「構造改革」と、地域経済、国民の暮らしとの矛盾の拡大である。これは六〇年安保闘争のときにはなかった矛盾である。今、安倍政権による大国化の推進とともに、この「構造改革」による地域経済の破壊は、地域に大きなダメージを与えている。この点は、安倍政権の企てを阻んでいくうえで注目すべき大きな矛盾と弱点だと思われる。

三番目に、安倍首相の歴史の修正・改竄の企図が、国内外、アジアのみならず、ヨーロッパ、アメリカを含め諸外国の政府や国民の懸念、反発を広げているという問題である。

これは、グローバル大国になるためにもやってはならないことである。しかし、安倍首相は、こうした歴史の修正をおこなわなければ、日本の大国としての正統性を確立できない、また国民意識を大国支持に変えることはできないと考えている。

これらの矛盾を力にすることができれば、安倍政権の政治を阻むことは可能である。

## 三　改憲をはばむ国民的共同をどうつくるか

最後に、安倍改憲をはばむ国民的な共同を具体化するうえで、いくつかのポイントを指摘しておきたい。

## 1　安保闘争の教訓から学ぶ

まず強調したいのは、国民的共同は政治を前進させるということをはっきりとらえる必要があるということである。安倍改憲を阻むというのは、現状維持的、「保守」的なたたかいである。しかし、このたたかいを抜きにして、憲法九条の生きる国への一歩はあり得ない。憲法がつくった「戦争しない国」を守るすべての勢力を結集することによって、九条を具体化する日本への一歩を踏み出すことができる。前進への橋頭堡《きょうとうほ》がつくられる。これが国民的共同が政治を変えるということの中身である。

安保闘争は、安保条約の改定に反対するたたかいであったが、そのたたかいによって、改憲を阻止し、自衛隊を海外に出さないという政治がおこなわれる第一歩になった。今回の改憲を阻む国民的共同も、日本の政治を大きく前進させる転換点になるだろうと思う。

そのため、安保条約や自衛隊について合憲、違憲など、いろいろなとらえ方はあるが、憲法九条の「戦争をしない国」を守るという一点で、大きな共同をつくることが大事である。

もっとも、幅を広げるということで、しばしば「改憲も護憲も」といわれるが、これは国民的共同の合い言葉にはなりえない。憲法九条の「戦争をしない国」を守る、憲法の改悪に反対するということがもっとも大きな共同の基準だと思う。

## 安保闘争の二つの教訓

国民的共同という点から見て、安保闘争には二つの教訓がある。今回の国民的共同をつくっていくうえで参考になる教訓の第一は、安保闘争の共同の中心には革新の共同があったということである。安保条約改定阻止国民会議による社会党、共産党、総評の共同が安保闘争の中心にすわっていた。安保条約に反対し、安保条約は違憲だと考えている人々の平和への思いが、党派を越えた共同をつくる圧力となるとともに、逆に共同の成立が今まで潜在的な声にとどまっていた平和を求める声を顕在化させ、大規模な大衆の行動を実現したということは、改めて確認されなければならない。

もう一つの教訓は、安保条約に反対する革新の共同だけでは、国会を取り巻く数十万のデモは実現しなかった、安保条約に反対する平和勢力の声と、安保条約や自衛隊は必要だが、岸政権のような憲法を蹂躙するやり方での強行採決には反対という、民主主義、独裁政権反対、ファシズム反対という声が合流し、大きな共同ができたという点である。安保条約反対と、立憲主義・民主主義を擁護するという二つの力が集まって、国民的共同ができたのである。

この「平和」の声と「民主主義」の声の合流にかかわって、ある事件に注目したい。一九六〇年五月一九日に、安保改定反対運動の昂揚やそれを背景にした国会での追及に危機感をもった岸政権が安保条約の批准を強行採決した直後から、運動は一層の広がりを持ったが、この五・一九後の運動の方針をめぐって論争が起こったことである。発端は、当時運動に結集していた丸山眞男や竹内好などリベラルな学者たちの間で、「五月一九日を境に運動は『安保反対』から『民主主義擁護・独裁阻止』に変わった」という声が上がったことであった。「これからは安保反対のスローガンでは狭すぎる、それにかえて、安保に賛成する人も含めて『民主主義擁護・独裁政権反対・ファシズム反対』という旗のもとに大きな共闘をつくらなければいけない」という議論が出たのである。安保改定阻止国民会議のなかでも、侃々諤々《かんかんがくがく》の議論がおこなわれたが、国民会議は「平和か民主主義か」「安保か独裁反対か」という議論に対して、「岸内閣がファッショ的なやり方で強行採決をし、民主主義を蹂躙することによって、ますます安保の危険性が明らかになった」として、「平和も民主主義も」という方針の下、安保反対の旗を降ろさなかった。私は、国民会議の方針が正しかったと思う。これが後に安保条約や自衛隊に対する政治を変えていった。安保条約改定がめざした日米共同作戦体制が、その後大きく遅れざるを得ない状況をつくった重要な教訓だと思っている。

## 2　国民的共同をつくる課題

### 戦争法案に反対する三つの立場

二番目に、この安保闘争の教訓を踏まえながら、安倍改憲を阻む国民的共同づくりという点で、どんな点を考えたらいいのか。とくに現在の時点で、どの点を重視したらいいのかについてふれておきたい。

重視したい第一の点は、良心的な保守の人びとも含めた国民的な共同づくりのなかでの、革新勢力の役割を改めて確認することである。

安倍政権による改憲・戦争立法に反対する諸運動、諸勢力には、大きくいうと三つのグループ、三つの立場がある。

一つは、安保条約も自衛隊も、憲法九条の「武力によらない平和」という思想・規範に違反する、安保条約も戦争の根源になっている、安保をなくし自衛隊を小さくしなくしていくなかで、九条の生きる日本をつくっていきたいという立場である。「武力によらない平和」なアジアと日本をつくっていくためにも、日米安保体制の範囲を世界に拡大し、アメリカの戦争に全面的にいつでもどこでも協力できるような、「戦争する国」づくりは絶対に認めてはならないという立場である。

第二の立場は、中国の脅威が強まる中で、安保条約も米軍の駐留も必要、また自衛隊がないと北朝鮮の攻撃に対しても怖い、安保や自衛隊がそういう役割を果たしているとしても、海外で戦争をしていいという話ではないという立場である。憲法九条の下で自衛隊は合憲であるが、その条件として自衛隊は海外派兵をしない、集団的自衛権行使は認めないという政府解釈を堅持して、戦後日本は歩んできた。その六〇年続いた政府解釈を抜本改悪して、集団的自衛権を容認し、「戦争する国」にするのは反対だ。しかも安保条約のもとで米軍の行動に日本が加担するのは日本に対して攻撃を加えられたときのみで、いつでもどこでもアメリカの戦争に協力するという態勢は、安保条約の枠組みをすら逸脱している。「海外で戦争をしない国」を守るためにも戦争立法には反対しなければならないというグループである。

たとえば、九条の会は、九条の改憲に反対するという点でこの第一のグループと第二のグループが合流して運動している。

第三の立場は、それよりももう少し広範な、立憲主義擁護の立場である。「海外で戦争をしない国」から「海外で武力行使をする」という、憲法と国の進路の重大な変更は、国民的な議論で決めなければいけない、憲法の九条で集団的自衛権は禁止されているという政府の解釈を、一片の閣議決定で変えるという国民無視のやり方は許せない、集団的自衛権の行使を容認するのなら、国民的な議論のもとに、憲法を改正してやるべきだという立場である。立憲デモクラシーの会は、この三の立場である。内閣法制局長官を経験した阪田雅裕や内閣官房副長官補であった柳澤協二は、この第二と第三の立場から発言している。

第一の立場の人も、第二の立場の人も、第三の立場の人も、共同で戦線を組むというのが現在の国民的共同づくりの共同の幅だと思う。このなかで強調したいのは、第一の立場を革新勢力が掲げてたたかうことは、この共同を狭くすることではなく、この共同を本当の意味で強いものにしていくことにつながるということである。第一の立場の人たちが、安保条約に基づく米軍基地の危険性、それに従属した自衛隊のアメリカの戦争への加担の試みの積み重ね、その延長線上にいまの「戦争する国」づくりがあるということを、きちんと国民のなかに訴えていくことの重要性が改めて問われている。そうした主張と戦争立法に反対するという一点での共同を追求する活動を両方おこなっていくことが求められている。

歴史的に見ても、第一の立場に立った運動が、自衛隊の海外派兵を許さない政府解釈を強制し、「戦争する国」づくりを阻む原動力となってきた。この間の自衛隊の海外派兵は、派兵推進の力と派兵反対の運動の綱引きの下で政府解釈を少しずつ改変する形でおこなわれてきたが、自衛隊はその制約から逃れられなかった。安倍政権の戦争立法はこの解釈を抜本的に改変しようという企てである。こうした企てを押し返し、政府解釈を維持するためにも、より左の原理的な立場の声が大きくならなければならないのである。

自衛隊のイラク派兵も、「武力行使はしません、戦場にも行きません」という解釈のもとでおこなわれた。そういう自衛隊の派兵が、さらに今度は「いつでもどこでも」という話になっているときに、それに立ち向かうには、第一の立場すなわち安保と日米軍事同盟によってアメリカの戦争に協力する、そのこと自身をなくしていかなければならないという立場からの反対が必要だということである。

また、安倍首相の「戦争する国」づくりに反対する運動と、沖縄でいまたたかわれている辺野古の新基地建設反対のたたかいを共同でおこなうためには、安保批判の視点が、沖縄の声、国民の声を無視するなという民主主義の視点と並んできわめて重要である。

## 総がかりの共同を強化しよう

重視したい第二の点は、中心となる平和の勢力の共同の取り組みを具体的に強めることの重要性である。二〇一四年一二月一五日に、「戦争する国づくりストップ！憲法を守り・いかす共同センター」と「解釈で憲法9条を壊すな！実行委員会」、「戦争をさせない1000人委員会」が共同し、「総がかり行動実行委員会」がつくられた。こうした共同の力で五月三日の憲法集会が取り組まれることになった。これは大きな橋頭堡になると思う。これをもっと強力な、恒常的なものに変え、改憲を阻むための共同をつくっていく。この力がなければ、戦争立法反対のたたかいに保守勢力を幅広く糾合することもできない。安保闘争の教訓からも、平和勢力の共同を大きくすることが、国民的な共同をつくるうえで鍵を握ると思う。

### 地域を根城にした良心的保守との共同を

重視したい第三の点は、安保のときにはなかった新たな可能性を生かし力にすることである。保守の離反と地域の運動力量の強化という新たな可能性を生かして国民的共同をつくっていくことが大きな課題なのである。

地域を根城にした共同と保守を巻き込んだ共同の合流したものが沖縄の県知事選、総選挙のたたかいであった。沖縄の新基地建設反対派はなぜ圧勝したのか、総選挙の得票率だけをとってみると、自民党は「善戦」し、ほとんど減っていない。革新勢力は、共産党は伸びたが、社民党の得票は減少したので、若干のマイナスである。沖縄のたたかいが勝ったのは、沖縄で地域を根城にして、沖縄に新しい基地はつくらせないという一点で、安保を認めてきた翁長も含めた広範な保守の人びとの共同が成立したからである。地域に根ざしたたたかいと、保守を含めたたたかいを、政治的な共同にしていく典型として沖縄をとらえる必要があると思う。沖縄は本土とは違う、特別だといって例外扱いするのではなく、その二つの力を合流させれば、地域のたたかいは大きく変わる、このことに確信を持つ必要がある。

## 小括

安倍政権を倒すということは、保守支配層の最強の切り札を倒すことになる。運動が大きく政治を変えていく第一歩になる。二〇一五年の春から夏、ここで戦争立法を止めることができるかどうかが、日本の進路をめぐる大きな岐路になることは間違いない。安倍改憲阻止のたたかいは、戦争しない国という現状を守るという意味では「保守」的なたたかいであるが、これが日本の地域を憲法にそって転換していく第一歩になることを改めて強調したい。

【注】

1 読売新聞、二〇一五年七月四日付け。

2 以下の閣議決定の文言は、いずれも「国の存立を全うし、国民を守るための切れ目のない安全保障法制の整備について」、渡辺治編著、前傾『憲法改正問題資料集（下）』旬報社、二〇一五年刊、所収、九三二頁以下。

3 同前、九三六頁。

4 同前、九三六〜九三七頁。

5 この時期の朝日新聞の報道は、自民・公明党間のやりとりを克明に追っているが、のちに、朝日新聞政治部取材班『安倍政権の裏の顔』講談社、二〇一五年、に加筆収録されている。

6 ＢＳＴＢＳ番組、二〇一五年三月一日。

# 第Ⅱ部　歴史をふり返る——戦後史の中の憲法・戦争法

# 第3章　日本国憲法をめぐる攻防の七〇年と現在

（二〇一五年七月稿）

## はじめに

敗戦から七〇年、日本はいま岐路、それも最大の岐路に立っている。安倍政権が強行をもくろんで国会に提出した戦争法案により、戦後日本の進路を規定してきた憲法が改変の危機にさらされているからである。

ふり返ってみれば、ほぼ戦後とともに歩んできた憲法の歴史は、アメリカの改憲圧力、それを受けながら独自の思惑をもった保守支配層による改変の企図と革新政党や労働組合、市民、知識人による擁護の運動の対抗という、改憲をめぐる攻防の歴史であったといってもよい。

時の政権は制定直後のほんのわずかな時期を除いて憲法がめざした構想をまともに実現する努力をなしたことがないばかりか、何度かは本気でその改正に挑戦したし、それがかなわぬ場合でも、その歪曲・縮小を試みてきた。そのため憲法の構想は一度たりとも十全な実現をみないままに当初の構想を縮減・変質させられた。

にもかかわらず、国民の運動により、憲法典自身の改変が阻まれたことで、憲法は「定着」をみた。その攻防戦においで、ほぼ常に、国民は、憲法擁護の側に立つことで憲法を選びなおし憲法を作り上げてきたといえる。

いま私たちが享受している憲法の現実は、こうした保守政権と国民の側との攻防の中で危ういバランスの下で維持されているものである。

戦争法案の強行をめざす安倍政権は、こうした憲法に対する戦後三度目の挑戦をしている。本章では、改めて憲法の七〇年にわたる攻防の歴史をその焦点である九条を中心にたどり、安倍政権による憲法改変の企図の歴史的位置を浮き彫りにするとともに、未完の構想実現の展望を明らかにしたい。

七〇年にわたる歴史をふり返ってもっとも強調したい点は、以下の点である。

憲法九条を例にとっても、たしかに歴代保守政権の手で九条の構想の実現は妨げられ侵害され続けてきたとはいえ、その歴史は、一部の論者が言うように、憲法と現実との乖離の歴史、憲法の空洞化の歴史というような単純なものではなく、保守党政権の下でも国民の運動により憲法理念を念頭に置いた制度と慣行がつくられてきたのであり、その制度・慣行は日本の軍事大国化を絶えず遅らせ、その限りで憲法は頑強に「定着」をみてきたことである。戦後七〇年たってなお沖縄には多数の米軍基地がフル稼働し、今また辺野古新基地建設がすすめられていることは憲法九条の構想の蹂躙の象徴であり、逆に安倍政権が改めて既存政府解釈の改変に手をつけ自衛隊の海外での武力行使を解禁する法案を提出せざるを得ない事態そのものが、憲法制度・慣行の定着を象徴しているといえる。そして、安倍政権による戦争法案の強行に対し、六割に上る国民が法案反対の意思を表明していることは、七〇年の攻防が今も激しくたたかわれていることを示している。

*

本章では、戦後七〇年を、改憲をめぐる攻防史ととらえる視点から以下のような時期区分で検討したい。

第一期は、一九四七~五二年である。憲法史からいえば、この時期は、占領支配下で憲法的諸制度が制定された時代ということができるが、攻防史の視点からいうと、憲法のめざした構想に対する最初の攻勢が始まった時代であり、改憲攻防史の前史と言える。

第二期は、一九五二~六〇年である。この時期は、アメリカの圧力を受け保守支配層が憲法の改変をめざした憲法第一の危機の時代であり、同時に、その危機に際し、運動が改憲に立ち向かって初めて立ち上がった時期である。

第三期は、一九六〇～九〇年である。この時代は、憲法擁護の運動により改憲を阻まれた保守政権が、憲法の構想を歪曲しながら憲法の枠組みを踏まえて統治をおこなった時代である。この時期に、現在の憲法現実の輪郭がつくられた。

第四期は、一九九〇～二〇一二年までである。この時代は、冷戦終焉、アメリカの唯一覇権の下で、自衛隊の海外派兵と米軍軍事行動への加担が求められ、その障害物となった憲法に対する二度目の改変の攻勢が始まった時代である。この時代、ついに自衛隊はインド洋海域、さらにイラクへの派兵をおこなうが、派兵に対する憲法上の制約と反対運動のために、派兵にはさまざまな制約を設けざるを得ず大きな限界をもっていた。そのため、この時期には、再び明文改憲の企てが台頭するが、国民の運動はこれも押し返した。

こうして、二〇一二年の第二次安倍政権以降、攻防史は第五期に入った。私たちは、いま、憲法に対する三度目の攻勢と挑戦の時代のまっただ中にある。

## 一　憲法に盛り込まれた戦後日本の構想

憲法をめぐる攻防の前提として、憲法に書き込まれた戦後日本の構想がいかに形成されたものであるか、またその構想とはどのようなものなのかを検討しておきたい。この構想の実現がその後断念されるところから、憲法改変の試みが始まるからだ。

## 1　日本軍国主義復活阻止を目標とした憲法

日本を占領した連合国とくにアメリカは、その最大の目的を日本が再び、アジアへの侵略戦争を始めないこと、日本の軍国主義の復活を許さないことに求めた。多大の犠牲を払って日本を敗北させたアメリカは、アジアにおける自由な市場の確保の最大の保障は、軍国日本を復活させないことだと考えたのである。

二〇世紀前半のアジアは、世界の戦争の策源地であったが、実は、そのすべての原因は日本にあった。二〇世紀に入る間際から一〇年をおかずして勃発した戦争――日清戦争、日露戦争、第一次世界大戦のアジアでの戦闘、山東出兵、「満州事変」、日中全面戦争そしてアジア・太平洋戦争のすべては、日本がアジア大陸とりわけ中国に侵攻して引き起こした戦争であったからである。日本の侵略さえなければアジアの戦争はなかったはずであった。だから日本の侵略と軍国主義さえ抑えることができればアジアの平和は確保できるという連合国、アメリカの考えには十分な根拠があったのである。

日本の軍国主義の復活をさせない体制をつくるには、天皇を中心とした専制的政治体制を定めていた明治憲法の改正が不可避であった。日本国憲法は、こうした連合国の要請、再び日本が軍国主義にならないためにどんな日本をつくるかという切実な要請の産物としてつくられたことを確認しておきたい。

憲法構想の検討でもっとも強調したいのは以下の点である。すぐ後で検討するように、日本国憲法の中には、手厚い人権保障、国民主権、権力分立、司法審査制といった近代立憲主義の諸原理が手厚く書き込まれた。それと同時に、近代立憲主義の中にはなかった戦争放棄の条項や、生存権規定も盛り込まれた。しかしこれら諸規定は、決して抽象的な理想の具体化、新たな理想への挑戦として憲法典に書き込まれたのではなく、ごく切実な現実の要請――日本が再び軍国主義を復活させないという要請に基づいて盛り込まれたという点である。

そのため、憲法の中には日本の軍国主義、特高警察による類い稀な自由の抑圧システム、という現実をどうやって防止するかという、きわめて実践的な規定がちりばめられていた。その典型が九条という、当時ではまことに特異な、異様とも言えるような条文であったし、またすぐ後で述べるような、三一条以下の拷問の禁止をはじめとした、異様に細かい刑事手続き的人権も、表現の自由を定めた二一条の第二項にわざわざ「検閲」禁止の規定が入っていたことも、日本に特有の人権抑圧の復活を許さないための工夫に基づくものだったのである。

だからこそ、保守党政権による改憲の企図に対抗して、国民が軍事大国化や民主主義蹂躙に立ち向かおうと決意した際には、憲法は、その強力な武器たり得たのである。

## 2　憲法構想に結実した諸力

日本国憲法草案を起草しその制定のイニシアティブを握ったのは、連合国最高司令官マッカーサーとGHQであった。しかし、GHQが憲法草案に盛り込んだものは、GHQがひねり出したものではなく、その多くは当時大量に発表された民間憲法草案をはじめ、戦前以来天皇制国家の変革をめざしてたたかった勢力の構想にほかならなかった。

第一に、GHQスタッフが憲法起草に際しての方針として準拠することを命じられたのは「降伏後における米国初期の対日方針」や「日本の統治体制の改革」[1]などのアメリカ政府による日本改革の基本方針であった。これら改革方針の基礎となる日本の国家・社会についての認識は、占領をにらんでアメリカでおこなわれていた日本研究の産物であったが、それら研究は戦前期日本社会の科学的研究とりわけ講座派マルクス主義の天皇制国家論や半封建的資本主義分析に依拠しておこなわれていた。つまりアメリカの日本改革構想の基礎となる日本社会の認識は、当時の日本社会研究の最先端のそれであったのである。戦前戦時期には、これら講座派の研究は国内では発禁にあって読むことができないものが多かったが、戦後日本ではいっせいに復刻され、戦後日本社会研究の基礎を築くことになる。アメリカ政府、GHQがこうした日本認識を土台に改革構想を作成した点が注目される。

第二に、GHQが起草にあたって強く参考にした憲法改正構想は政府サイドのものではなく憲法研究会草案や布施辰治案[2]など、これまた戦前の日本社会の専制性、半封建的性格の改革を強く志向したものばかりであった。

GHQスタッフが広く参照したフランス人権宣言以来の諸近代憲法のみならず、当代日本社会・国家に対するもっとも民主的な改革構想が、憲法起草の土台となっていたことは注目されねばならない。すぐ後でみるように、憲法が、軍国主義復活を阻むべく、軍備禁止に止まらず天皇制国家の解体、市民的自由の強い保障、さらに貧困の克服と生存権保障を三つの柱としていたのは、こうした戦前日本の民主主義運動の蓄積が反映されたからであった。

## 3　憲法の三つの柱

### 第一の柱―非武装規定

憲法には大きく三つの柱が立てられた。

第一の柱は、非武装の規定である。憲法九条は、戦争放棄を謳うと同時に、日本の度重なる侵略戦争を遂行した巨大な軍隊を禁止することを明記した。

当時、自国の憲法で軍隊を禁止することを規定している国は皆無であった。GHQやアメリカ政府は、日本の軍国主義を抑えるための方策を試行錯誤していた。その中には、占領諸国と日本との間で日本の非武装条約を結ぶという構想もあったが、GHQは憲法の中で戦争放棄と軍隊保持を禁止することにしたのである。その理由は、かつて第一次世界大戦後のドイツに対する再軍備禁止政策の失敗の教訓から学んだからであった。もし、占領諸国の強制で外から軍隊を禁止されたら、占領の終了と共にその反動で、日本国民が再軍備に賛成するかもしれないことを危惧し、むしろ憲法そのものの中に非武装規定を入れることが望ましいと考えたのである。

ここで、二つのことに、注目しておきたい。一つは、憲法九条は、第一義的には、日本の平和を保障するための規定ではなく、日本からアジアの平和を保障するためにつくられたものだ、という点である。アジアの平和を確保することを通じて日本の平和は保障される、これが、九条の真意であった。

一九九〇年代以後になって、自衛隊の海外派兵を求める改憲派から、その障害物となっている〝九条は「一国平和主義」だ〟という非難が浴びせられるようになるが、九条の規定はそれとは正反対に、アジアの平和を念頭に置いてつくられた規定なのである。

二つ目は、以上の経過からわかるように、憲法九条は、遠い将来を見据えて、高邁な理想、夢を語った規定ではなく、ごく切実な、アジアの平和を実現するための現実的保障としてつくられたものだという点である。憲法九条があまりに当時の常識を覆すものであったため、憲法草案の起草にあたったGHQの幹部は、これを憲法の理想を表明する前文に入れようとしたのに対し、マッカーサーやホイットニーなど最高幹部は、本文に入れることを指示した。それは、非武装を日本の現実の安全保障の規定として構想していたからにほかならない。

### 第二の柱―民主主義と市民的自由のセット

第二の柱は、民主主義と市民的自由の保障であった。

別の言葉で言えば、第二の柱は、近代立憲主義の原理の規定であった。近代立憲主義とは、人権の保障を目的としてそのために国家の権力を規制する国民主権と権力分立、違憲立法審査制を柱とする、とひとまず定義づければ、これら諸制度が一体として日本国憲法の中に盛り込まれたのである。ここで注目しなければならないのは、憲法の中に近代立憲主義の普遍的原理が盛り込まれたのは、決して憲法を近代立憲主義の普遍的原理で構成しようという理論上の要請からではなく、あの侵略と軍国主義をもたらした要因が明治憲法下の日本社会にこの原理が欠如していたことにあるという痛切な認識、つまり日本社会に今、近代立憲主義原理が特別に必要とされているという判断から入れられたという点である。だからこそ、同じ日本社会の改革の必要から、一方では近代立憲主義原理に基づく諸制度が導入されると同時に、他方では近代立憲主義を否定しそれと衝突する戦争放棄や生存権規定が盛り込まれたのである。

憲法起草者は、軍隊の保持禁止だけでは日本軍国主義の復活を阻むには不十分だと考えた。日本の軍国主義と戦争を食い止められなかった最大の原因は、天皇主権の下で、戦争遂行をはじめ国の政治が天皇と一部の寡頭勢力の意思で動かされ、国民が政治の決定から排除されていたところにあると考えたのである。なるほど、明治憲法の下でも、国民の意思を政治に反映させるべく一九二五年の普選法により男子普通選挙権だけは実現した。しかし明治憲法では、議会の権限は弱く、宣戦・講和、軍の統帥、軍隊の編成、外交などに関しては天皇が議会の関与なく決定できる「大権」とされ、とくに軍の統帥に関しては政府にもはからず天皇と軍部の一存で事をすすめることができた——統帥権独立。

そこで、日本国憲法は、一条で「国民主権」を明記すると同時に、天皇から一切の政治的権限を剥奪して、日本の進路を左右する政治の決定を国民の手に委ねた。男女普通選挙権が保障され、議会があえて「国権の最高機関」(四一条)とされたのも、そうした原理を明示するものであった。

しかし、憲法の特徴として一層注目されるのは、市民的自由――いわゆる自由権的人権と呼ばれる人権を手厚く保障したことであった。

日本があのような無謀な戦争を長期にわたって継続し最後まで自らの力で戦争を終わらせることができなかった理由、最後まで国民が天皇の政府に「従順」であった理由は、平和を求める声が系統的に抑圧され国民に選択肢が示されなかった結果だということは、GHQの共通認識となっていた。

GHQが、占領から間もない一〇月四日の覚書「政治的、市民的及び宗教的自由に対する制限除去に関する覚書」[3]で、天皇制国家の治安法体系を網羅的に廃止し、特高警察などの機構の廃止を命じたのは、彼らが占領前から日本の民主主義抑圧のカナメが天皇制の自由抑圧体系にあると認識し、抑圧を支えた法体系を研究していたからであった。

GHQは、日本側に憲法改正作業を委ねていた時期から、独自に憲法改正に向けて準備をしていたが、その過程で日本側の憲法改正草案にも注意を払っていたことは先に指摘した。

そのうちもっとも注目したのが憲法研究会の草案であり、これがGHQ草案の参考とされたことはよく知られている。しかし、この点に関しては、彼らが憲法研究会草案にも強い不満を示していた点が注目される[4]。その一つが、憲法研究会草案では「拷問の禁止」を除いて刑事手続き的人権規定が欠落している点であった。このレポートは、こう述べていた。「(憲法研究会案は）、刑事被告人の権利、及び法執行機関の行う取り調べについての制限に関する条項は、一切省かれている。日本では、個人の権利のもっとも重大な侵害は種々の警察機関、とくに特別高等警察及び憲兵隊の何ら制限されない行動ならびに検察官の行為を通じて行われた。」[5]と。そのうえでレポートは刑事手続き的人権の保障の必要性を訴えていた。こうした問題意識が、言論の自由の絶対的保障と並んで、三一条以下の、異常とも言えるほど詳しい刑事手続き的人権規定に結実したことは注目されねばならない。

### 第三の柱―福祉国家的規定

第三の柱は福祉国家的規定である。天皇制教育と並んで侵略戦争を支えた条件として憲法起草者が重視したのが、日本の貧困であった。とりわけ貧困と低賃金の土壌となった日本の半封建的な農村の寄生地主制が侵略戦争と植民地支配を国民が支持する温床となったとして注目されたのである。

農地改革が占領軍のイニシアティブで実施され、また、財政を圧迫するのではないかというＧＨＱ内部の保守派の危惧を押し切って、憲法に二五条の生存権規定――二五条一項そのものは憲法制定議会で社会党の修正提案で入ったものだが――をはじめ二六条、二七条、二八条などの福祉国家条項が規定されたのはかかる問題意識からであった[6]。

## 二　占領下の憲法への最初の攻勢―改憲攻防史の第一期

### 1　冷戦と憲法の桎梏化

憲法制定当初は、アメリカのアジア戦略と憲法の構想とは合致していたから、その具体化が図られ、それと矛盾する諸制度の改廃が強行された。ＧＨＱ管理下の日本政府も憲法制度の具体化に取り組んだ。

ところが、冷戦の激化、とりわけ中国革命の進行は、アメリカの極東戦略の転換を促した。アジアの自由な市場の安定のためには、拡大する中国革命をはじめ社会主義圏の膨張を押さえ、自由陣営の防衛にあたることが至上命題となり、そのために、日本を極東における反共主義の拠点として、経済的再建を図ることが急がれることとなった。

こうして早々と憲法の構想は占領軍の日本統治にとって桎梏となった。一九四八年、アメリカの極東政策の転換に基づき、軍部内では日本の再軍備、そのために手始めとして憲法の下で警察力増強という形での事実上の再軍備、次に憲法改正、という方針が打ち出され、四九年にはそれが統合参謀本部の正式の決定となった[7]。

## 2　占領権力による憲法改変の最初の攻勢

まず最初に攻撃の的となったのが、憲法の第二の柱、民主主義、市民的自由であった。経済再建を強行するには、労働運動の力の規制が不可欠であり、また、昂揚する民主化運動の規制も必要となったからだ。占領下の労働運動で大きな力を発揮していた公共部門労働運動に対する弾圧を意図した政令二〇一号が出され、国家公務員法改正がおこなわれた。また日本共産党などの活動を規制する目的で、一九四九年には団体等規正令、五〇年には占領目的阻害行為処罰令などが管理法令という形式で制定された。これらは、占領権力の命令を、自動的に国会を通さずに政令とする勅令五四二号に基づく管理法令形式で、迅速に実施に移されたため、憲法体系と大きな矛盾が生ずることとなった。

団体等規正令はさっそく発動され、九月には在日朝鮮人連盟が、また全労連が解散を命じられ、五〇年朝鮮戦争勃発後には日本共産党幹部に公職追放が発動された。

さらに、一九四八年の福井県を手始めに、各地で公安条例が制定され、当時政治活動のもっとも簡便な手段として使われていたデモ行進に対する規制が始まった。

続いて、一九五〇年、朝鮮戦争が始まると、憲法の第一の柱、九条に規定された非武装国家の柱も改変された。戦争の勃発直後、占領軍は再軍備を命ずるに至ったからである。しかし、さすがに再軍備が、自らがイニシアティブをとってつくった憲法九条に違反することは明らかであった。そこで、ＧＨＱは、再建軍を警察予備隊と称して違憲という攻撃を避けようとしたが、これが非武装国家の理念と背反することは覆うべくもなかった。

## 三　憲法第一の危機とそれを阻む運動の対抗―改憲攻防史の第一期

### 1　憲法改変の第一の危機

憲法改変の本格的な攻勢は、一九五二年の講和を前後して始まった。日本を極東における反共の橋頭堡として固定化させるべく、アメリカは、片面講和、安保条約締結を講和の条件として押しつけ、また急速な再軍備、さらには憲法改悪を要求した。一九五一年におこなわれたダレスと吉田茂の講和交渉において、アメリカ側＝ダレスは再三にわたり日本に憲法改正と公然たる再軍備を要求し、それが認められなければ、駐留米軍の日本防衛義務を認めることはできない、と断言していた[8]。

国民の憲法に対する支持の大きさを忖度《そんたく》して、吉田茂政権は、明文改憲には消極的であったが、その分、安保条約、米軍従属下の再軍備には積極的に同調し、憲法の第一の柱の変質が始まった。安保条約によって、占領軍はそのまま「駐留米軍」として居座ったのみならず、冷戦の激化に伴い、米軍基地の拡張が始まった。

また、占領軍撤退後の保守政治の維持に自信が持てなかった吉田政権は、占領中に占領管理法令でつくられた市民的、政治的自由の制限法を国内法に作り替えようとはかった。一九五二年、強い反対運動を押し切って制定が強行された破壊活動防止法がその典型であった。公安条例の法律化はできなかったが、条例の制定が促進され、憲法の第二の柱も大きな攻撃を受けた。

アメリカの圧力に呼応して、改憲に消極的な吉田政権に反対する復古派は、明文改憲を主張しはじめた。改憲派は、アメリカの求めていた九条の改変、「自前の」再軍備に止まらず、憲法でつくられた戦後の構想全体の転覆を謀ったのである。

とりわけ改憲派が目の敵にしたのが、憲法の「あまりにも民主主義的、自由主義的規定」であった。この当時の改憲構想を、岸信介が会長を務めた自由党憲法調査会の憲法改正案[9]で見てみよう。

まず第一の柱、九条関係では、改正案は軍隊保持とそれにともなう軍法会議、非常事態宣言、などの規定を主張していた。軍事大国体制復活への志向は露骨であった。国務大臣の文民規定をはずして「現役軍人を排除」するにとどめたことなどはその一例である。もっとも、「戦争の惨禍なお生々しい国民の感情を考慮して」徴兵制を導入していない点は、すでにこの時点でも戦後平和意識への配慮がなされていたことを示すものであった。

前文で日本の歴史と伝統の尊重を謳い、天皇を元首とすることを主張している点は五〇年代改憲論共通の志向である。人権の部分では「公共の福祉」のためならば法律で人権を制限できる規定を入れること、憲法起草者が意図的にくわしく保障した刑事手続的人権条項の一部を削除することが求められた。ほかにも家族制度擁護の規定の新設、農地について家産制度の創設、国家への忠誠義務をはじめとした義務規定の拡充など、復古主義が露骨に表明された。

また、国会が「国政の最高機関」であるという規定の削除、参議院の直接選挙制の改変、地方自治体首長の選挙制の条項の破棄など憲法第二の柱の改変が露骨に主張されたのである。

## 2　憲法擁護の最初の運動、その特徴

この憲法の危機に対し、戦後初めての憲法擁護の運動が台頭した。吉田政権の憲法破壊の攻勢に対し、運動が掲げたのは、「全面講和、安保条約・米軍基地反対、中立、再軍備反対」という平和四原則、そして憲法擁護であった。

## 労働運動と知識人―侵略戦争への「悔恨」

この運動の担い手は、一九四〇年代の運動のそれとも、あとで検討する五〇年代末とも異なる担い手によって始まった。その主力は一九五〇年に反共主義労働運動のセンターと期待されて結成されながら急速に「左転換」した総評であり、それに知識人、講和を機に分裂した左派社会党の三者の連携であった。

知識人たちは、一九四九年「平和問題談話会」をつくり、講和にかけてのちに「平和四原則」としてまとめられる諸原則を掲げた声明を三度にわたって出し、運動をリードした。知識人たちが層として安保反対、再軍備反対、憲法擁護に立ち上がった理由も、また「総評」労働運動内で急速に「平和四原則」が支持を集めたのも、みな同じ理由、すなわち丸山眞男がのちに述べた「悔恨共同体」[10]、あの侵略戦争を止めることができなかったことへの悔恨、反省であった。

## 「戦後」の原点

この時期に、労働組合運動や知識人たちが、侵略戦争への反省に基づいて、安保条約と再軍備、改憲に反対して立ち上がったことの意義は強調しておかねばならない。

第一に、労働運動が平和と憲法を擁護するために立ち上がるという戦後日本の平和運動の特徴がこの時代に運動を通じてつくられたことである。労働組合が平和の課題で立ち上がるということは決して自明ではない。当時も、労働者の経済的権利を擁護する労働組合の本務ではないという議論はあった。それを押し切ったのは、戦前労働組合が戦争を食い止められなかったことへの反省であり、労働者は「民族の」課題を担わなければならないという自負であった。平和四原則を採択していく過程で日教組の掲げた「教え子をふたたび戦場に送るな」というスローガンが六〇年以上たって今なお運動で語り継がれていく原点がここにあった。

第二に、社会党（当時は左派社会党）や共産党という政党が、社会主義を掲げる前に「平和と民主主義」を掲げて運動の先頭に立つという、戦後日本の革新政党に固有の特徴が生まれたのもこの時期であった。

第三に、こうした運動の思想――再び戦争をしないという思想が国民の共感を呼び、戦後日本に特有の非戦の国民意識の原型をつくったことである。この非戦の意識こそ、その後保守政権による軍事大国化の道を遅らせ、いまなお安倍政権の戦争法の前に立ち塞がっていることは注目すべきことである。

## 護憲意識の拡大、護憲派の登場

運動は安保条約や再軍備を止めることはできなかったが、憲法の危機を押し返す重要な変化を生んだ。一つは、憲法をめぐる世論の急変をつくり出したことである。講和で独立したのだから憲法を変えるのは当然だという世論は、改憲で再び戦争に巻き込まれることに反対という世論に変わっていったのである。

二つ目の変化は、安保反対、再軍備反対、護憲を掲げる左派社会党、右派社会党の議会での躍進をもたらし、一九五五年には、衆院で左派・右派社会党の合計が、続いて五六年には参院で統一社会党が改憲発議を阻止する三分の一の議席を確保したことである。

## 3　改憲への岸政権の挑戦

一九五五年、改憲をめざして自由、民主の両保守政党は合同して自由民主党を結成した。結成された自民党は、「新党の使命」「新党の政綱」において「現行憲法の自主的改正をはか」ることを謳ったのである[11]。

結党に勢いを得て鳩山一郎政権は、改憲発議を確保するために小選挙区制を強行しようとはかったが、挫折を余儀なくされ、早期の改憲はひとまず頓挫した。

しかし自民党政権は、改憲をあきらめず二度目の挑戦をおこなった。今度は岸信介の政権が安保条約改定先行の形で改憲をねらったのである。安保条約を改定し、たんなる基地貸与条約から軍事同盟条約に改定し、それを実現する前提として改憲に踏み切るというのが、岸信介首相の思惑であった。岸政権は、憲法改正に向けて、政府に憲法調査会を設置し改憲草案の策定に踏み出した。戦後最大の改憲の危機が現出したのである。

今度も岸政権は、憲法の第一の柱と共に、第二の柱への攻撃を並行させた。警察官職務執行法の改正が提起されたのはその典型であった。教職員組合運動を抑圧するために教員への勤務評定も導入が強行された。

## 4　安保闘争の新たな特徴

岸政権がつくり出した憲法の危機に対しても運動が立ちはだかった。

今度の運動の担い手は、五〇年代前半期のそれとは大きく異なった。

第一に、革新政党勢力が運動の中心に躍り出たことである。共産党が五五年には分裂を克服し、極左冒険主義を自己批判して運動の一翼を担うようになったこと、社会党がこれも五五年、統一して国会における三分の一の議席を確保したことである。

とくに注目すべきは、早くから護憲を掲げていた社会党に比べ、憲法に低い評価しか与えていなかった共産党が第七回大会で方針を転換し「憲法の平和的民主的条項の擁護」という改憲反対の態度を明確にしたこと、またこれまで反対していた「中立」方針を掲げるに至ったことである。

こうして、社会党、共産党が「革新勢力」として安保反対、憲法擁護に大きな役割を果たすその後長く続く憲法をめぐる政治の対抗図ができあがったのである。

第二に、それを踏まえて、総評の努力で、社会党、共産党を含む革新の統一戦線が形成されたことである。一九五九年三月、「安保条約改定阻止国民会議」が結成され、その後二三回にわたる統一行動を組織し、国民会議が安保反対闘争を領導した。革新の共同によって、それまでデモや集会に参加しなかった広範な「平和」市民が運動に加わった。

第三に、それに止まらず、六〇年五月一九日の岸政権による強行採決を機に、運動内に、反安保、独立を掲げる階級的勢力――労働組合勢力に加えて、市民勢力の大部隊が登場したことである。これは見方を変えると、「平和」の声に「民主主義」の声が合流したとも言うことができる。こうした合流により、運動の規模は大きくふくれあがり岸政権を追い詰めたのである。こうした平和の声と民主主義を望む声の合流は、今、安倍政権の戦争法の強行の企図に対しても起こっていることが注目される。

このたたかいによって、安保条約の改定は強行されたものの、憲法改悪の企図は挫折と後退を余儀なくされた。

# 四　憲法の修正と「定着」──改憲攻防史の第三期

## 1　自民党政治の大転換──改憲断念

安保闘争を経て、自民党政権は大きな転換を余儀なくされた。第一の転換は、自民党が明文改憲方針を断念したことであった。岸政権のあとを襲った池田勇人政権は、総選挙に際して「自分の任期中には憲法改正をしない」と公約し、その後の歴代政権もそれを踏襲することとなった。安保闘争における国民の立ち上がりを目にした自民党は、もし今後復古的な憲法改正などを提起すれば、〝二度と戦争はいやだ〟と考える国民の反発を受けて、岸政権に止まらず自民党政権自体が危ないと自覚せざるを得なかったのである。

岸政権が始動させた政府の憲法調査会は、安保闘争以後、会長の高柳賢三はじめ会内に明文改憲消極派が台頭し、一九六四年に発表された調査会報告では、統一した明文改憲必要論を打ち出すこともできなかった[12]。こうして憲法第一の危機は回避されたのである。安保闘争の成果であった。

第二の転換は、自民党政治が、復古的政治を断念し、憲法を安保体制の枠内に修正、改竄しつつ憲法を尊重した政治をおこなわざるを得なくなったことである。池田政権は、所得倍増政策を主軸とした経済成長促進路線に転じた。これが第三期の憲法状況をつくったのである。

## 2 自衛隊活動を制約する政府解釈

憲法改悪を断念した政府がもっとも苦慮したのは、憲法九条の下で、安保・自衛隊を維持・安定させることであった。

### 政府解釈の変遷と「自衛力論」

もともと、憲法九条の下で再軍備を開始して以降、その軍隊をいかに合憲なものと強弁するかに、政府は頭を悩ませ続けた。

警察予備隊の時から違憲論の攻撃にさらされた政府の合憲論の最初の理屈は、警察予備隊、保安隊は、その設置目的から「警察」であり軍隊ではないという議論であった。しかし、設置目的から保安隊等を「警察」というのは、当初から無理があり、自衛隊にいたって、自衛隊法第三条が、設置目的を「我が国の平和と独立を守り、国の安全を保つため、直接侵略及び間接侵略に対し我が国を防衛することを主たる任務とし」とするに及んで無理となった。政府は、そのため、早い段階から警察論と並行して、憲法九条の禁止する「戦力」とは「近代戦争遂行に役立つ程度の装備、編成を備えるものでなければならない」が、保安隊はそうした装備をもたないから戦力にあたらないという、近代戦争遂行能力論を採って合憲とする議論をたてていた。

しかし、この議論も自衛隊になって装備・編成とも充実してくると早晩とれなくなる議論であった。

そこで政府は、一九五四年一二月、鳩山一郎内閣誕生を機に新たな合憲論を展開することとなった。これがいわゆる「自衛力論」という合憲論である。

それは、以下のように自衛隊の合憲を説いた。〝(一) 憲法の下でも独立国として固有の自衛権を持つことを認められている。(二) 自衛のため必要相当限度の実力部隊を設けることは認められる。(三) 自衛隊は、その自衛のための必要相当限度の実力であり、憲法の禁止する「戦力」にはあたらない〟というものである。五四年一二月二二日になされた大村清一防衛庁長官の答弁がそれであった。「憲法第九条は、独立国としてわが国が自衛権を持つことを認めている。従つて自衛隊のような自衛のための任務を有し、かつその目的のため必要相当な範囲の実力部隊を設けることは、何ら憲法に違反するものではない。」[13]と。

## 自衛力論は自衛隊の合憲論として機能

ここでは二つのことに注目しておきたい。一つは、この五四年解釈は、その後の政府の自衛隊合憲論の基本論理として現在に至るまで、六〇年以上にわたり受けつがれたものであるが、この段階では、自衛隊が合憲であることを正当化する「解釈」であって決して自衛隊の活動を制約するものではなく、もし野党がこの解釈と自衛隊の実態との矛盾を追及しなければ、「自衛のための必要最小限度の実力」という口実の下、自衛隊の肥大化と活動の拡大を次々追認するものとなったであろうことである。この「必要最小限度」に着目し自衛隊の海外派兵などの活動を制約する解釈が生まれてくるのは、安保闘争に見られた国民の反戦意識、それを踏まえた第三期における運動の結果にほかならない点は強調しておかねばならない。

しかし、二つ目の点として、この「自衛力」論は、当時有力であった芦田解釈を採用しなかった点は注目される。内閣法制局が、芦田解釈をとらなかったのである。もし芦田解釈をとれば、自衛のためなら戦争だろうが武力行使だろうがすべて認められ、また自衛のためであれば、軍隊も保持できるというのだから、事実上、九条二項は何の法的効果も持たなくなるはずであった。法制局は自衛力論を採ることで、「自衛のため」でも九条二項は「戦力」保持を禁止しているとし、我が国の保持できる実力は、「自衛のための必要最小限度の実力」に限るという「歯止め」をかけていたのである。これが六〇年代以降、自衛隊の活動制約の解釈を可能としたこともみておかねばならない。

法制局が芦田解釈を採用しなかったのは、憲法九条を支持する国民意識を考慮した良心の発露であったのかもしれない。

## 安保条約合憲論

他方、安保条約の合憲性については、自衛隊合憲論のような動揺はみられなかった。政府は、一九五二年以来、憲法が禁止している「戦力の保持」とは「いうまでもなく我が国が保持の主体たることを示す。米国駐留軍は我が国を守るために米国の保持する軍隊であるから、憲法九条の関するところではない」[14]という、驚くべき合憲論を一貫して主張した。

そして、この「解釈」が五九年の最高裁砂川判決にも踏襲されたのである。

## 自衛隊違憲を主張した運動

しかし、安保闘争に立ち上がった運動は、政府がこうした「解釈」で安保、自衛隊の存続をはかることを許さなかった。一九六〇年以降、安保条約、自衛隊の違憲論が盛り上がった。とりわけ、六〇年代に入りアメリカのベトナム侵略戦争が本格化し、日本が全面的に加担するにつれ、侵略戦争加担に反対する立場からの違憲論が強まったのである。

三つの運動が注目された。第一は、安保闘争で実力を発揮した革新勢力が、六〇年代も上げ潮を維持したことである。安保後、国民会議が開店休業となり、原水爆禁止運動などを機に、分裂が深刻化したが、各政党系列の運動は昂揚した。さらにベトナム侵略戦争反対で一日共闘が成立し、また一九六七年、美濃部亮吉を候補にかついだ東京都知事選では社共の強力な共闘が結成されるなど、共闘も断続的に継続した。

第二は、自衛隊を違憲とする憲法裁判が政府の解釈に強い圧力を加えたことである。恵庭事件で、政府は当初判決で自衛隊合憲論を獲得することをめざしたが、大量の弁護士・学者が参加した裁判運動の力で、むしろ自衛隊違憲の判決が出ることを怖れざるを得なくなった。長沼裁判では正面から自衛隊違憲の主張がなされ、政府や最高裁事務総局の強い干渉と圧力、司法反動にもかかわらず、七三年の第一審判決では、ついに自衛隊違憲判決が出た。この判決は、自衛隊違憲の言説をさらに励まし、政府の合憲論を追い詰めたのである。

第三は、これを踏まえた国会での野党の追及であった。とくに、国会での社会党、共産党、そして六四年に結党された公明党は各々の立場から、安保、自衛隊の違憲性をしつこく追及した。もっとも大きかったのは、ベトナム侵略戦争への加担、沖縄返還に伴う米軍との共同作戦行動への危険の追及であった。

## 海外派兵禁止、集団的自衛権行使違憲論

こうした力を受けて、政府は、自衛隊の活動を制約することで、なんとかその合憲性を担保することを強いられた。そのもっとも重要な制約が、自衛隊の海外派兵の禁止、さらに集団的自衛権行使違憲の解釈であったのである。

まず自衛隊の海外派兵については、すでに一九五四年六月、自衛隊の発足にあたり、それが戦前日本軍のように海外侵略をしないよう参議院において「自衛隊の海外出動をなさざる決議」[15]があげられていた。その段階では「海外」や「海外出動」の意義は必ずしも詰められなかったが、一九八〇年の答弁書で政府は、「海外派兵」を「いわゆる海外派兵とは、一般的にいえば、武力行使の目的を持って武装した部隊を他国領土、領海、領空に派遣すること」と定義したうえ、「このような海外派兵は、一般に自衛のための必要最小限度を超えるものであって、憲法上許されない」と自衛隊の活動に明確な限定を課した[16]。

また集団的自衛権については、政府は、一九七二年の国会提出資料、八一年の答弁書で、その定義を明らかにすると同時に、それが自衛のための必要最小限度の実力行使の範囲を超えるから違憲であるという解釈を確立したのである。

（一）まず集団的自衛権の定義は、「自国と密接な関係にある外国に対する武力攻撃を、自国が直接攻撃されていないにもかかわらず、実力をもつて阻止する権利」であるとされた。（二）

日本はこの集団的自衛権を、国際法上は個別的自衛権と並んで有しているとされた。しかし(三)「憲法第九条の下において許容されている自衛権の行使は、我が国を防衛するため必要最小限度の範囲にとどまるべきものであると解しており、集団的自衛権を行使することは、その範囲を超えるものであって、憲法上許されない」[17]とされたのである。

これら解釈は一方で個別的自衛権行使、自衛力論に基づく自衛隊の合憲性を確保する側面と同時に、その活動を縛るものとなった[18]。この制約が次の第四期に自衛隊の海外派兵を縛る大きな障害物となるのである。

## 3　憲法構想の歪曲と「定着」

その結果、この時代には、憲法の当初の構想とは大きく異なるものであったが、明らかに憲法の力に影響された「憲法」現実が定着することとなったのである。

憲法の第一の柱、九条についてみると、安保条約の改定と自衛隊の存続により、アメリカの極東戦略のカナメとしての日本の地位が安定した。ベトナム戦争は、日本本土と沖縄の米軍基地なくして継続できなかったことは明らかであった。沖縄返還後も沖縄の基地は維持され米軍の活動拠点として強化された。

しかし、第二に、運動の力で、自衛隊の海外への出動いわんや武力行使はできず、ベトナム侵略に対し、韓国の五万人をはじめアジア反共諸国がアメリカの要請に基づいて集団的自衛権を行使してベトナムに派兵したときも日本だけは、それができなかった。

また、運動の圧力を受けて、政府は、それが九条の解釈の結果であることを強く否定したものの、「政策」として非核三原則、武器輸出三原則、さらには防衛費の対ＧＮＰ比一％枠など、九条の原則を具体化するような諸政策を実行したのである。

憲法の「定着」は九条の柱に止まらなかった。民主主義と市民的自由の柱でも前進がみられた。公安条例については、最高裁の二度にわたる合憲論にもかかわらず、下級審で違憲論が続き、下級審では、デモ行進を民主主義の土台として評価する判決も生まれた。

第三の柱でも、一九五七年の朝日訴訟が事態を大きく変えた。朝日訴訟を総評が支援し、この裁判は、安保闘争の昂揚と並行して、一九六〇年、第一審の浅沼判決を生んだ。第二審、最高裁での敗訴にもかかわらず、この朝日訴訟と第一審判決は、生活保護領域に止まらない、社会保障領域全体の拡充の梃子となった[19]のである。

## 4　政府の巻き返しと一進一退

もちろん政府は運動に譲歩するばかりではなかった。第三期は二つに分けることができる。前半は、七〇年代初頭までの時期で、この時期には上げ潮だった運動の力で、憲法の柱の拡充が試みられた。しかし、七三年のオイルショックによる不況を境に、政府の巻き返しが始まった。もっとも大きな変化は、この時代に企業社会が確立をみ、企業主義的労働運動が制覇した結果、民間大企業の労働組合は大衆運動から手を引き運動の力量が大きく減退したことである[20]。

また民主主義の昂揚に支えられ積極的な判決を模索しはじめていた裁判を押さえ込むために、司法反動が始まった。青年法律家協会への攻撃と最高裁人事の入れ替えにより、裁判官に対する官僚統制が強化された。

しかし、この時代の憲法への攻撃は、第二期から第三期前半にかけての国民の側からの攻勢への巻き返しに止まり、憲法破壊の攻勢にはならなかった。

一九七八年、ベトナム戦争後、同盟国への肩代わり、とりわけ極東における社会主義圏との対峙のための米軍の作戦、介入への自衛隊の加担を求めるアメリカの強い要求に基づいて、「日米防衛協力のための指針」[21]いわゆるガイドラインが締結された。ガイドラインは、①「侵略を未然に防止するための態勢」、②「日本に対する武力攻撃に際しての対処行動」、③「日本以外の極東における事態で日本の安全に重要な影響を与える場合の日米間の協力」、の三項目から成っており、アメリカ側は、とくに③の共同研究を推進することを望んだが、日本側はそれには消極的で、その結果、①②の共同研究は進んだが、③の検討は冷戦後の第四期に持ち越されることになったのである。

また、一九八二年、中曽根康弘政権が誕生、「戦後政治の総決算」を掲げて、一九六〇年以降つくられた自民党政治と憲法現実への巻き返しをはかった。日米同盟の強化をめざし、中曽根は、防衛費の大幅増額、防衛費の対GNP比一％枠の撤廃、さらに、イラン・イラク戦争時にアメリカの要請を受けてペルシャ湾への掃海艇派遣の試みなど、広範囲にわたり自衛隊への制約打破に挑戦した。有事法制の制定、秘密保護法の制定にも挑戦した。しかし結果的にみると、これらの諸政策は、運動の強い反対や国民意識を顧慮した保守政権内の消極論によって、防衛費の対GNP比一％枠の撤廃以外は成功しなかったのである。

## 五　憲法第二の危機——改憲攻防史の第四期

事態が大きく変わり、なりを潜めていた憲法改変の攻撃が始まり、戦後憲法第二の危機が始まる画期となったのは、一九九〇年の冷戦終焉であった。

## 1　冷戦終焉と軍事大国化

冷戦の終焉、社会主義圏の崩壊、中国の市場経済への突入は、世界の政治・経済をがらりと変えた。第二次世界大戦でアメリカが求めた、自由に大企業が活躍できる単一の市場世界が現出したのである。いまや、アメリカや日本の巨大企業は、冷戦時の狭い「自由陣営」のみでなく、一三億人の中国はじめ世界を股にかけて活動できるようになり巨大企業には夢のような時代がやってきた。この新たな世界は、日本政府に二つの改革を迫ったのである。

一つは、自衛隊の海外派兵とそれを阻む憲法の改変をめざす改革であった。新たに「市場」に参入した地域は、中国、東欧といい、中東、アフリカといい大企業には魅力ある地域である反面、危険も大きい地域であった。大企業が安心して活動できる秩序維持をはかる世界の警察官が必要となり、アメリカが名乗りを上げたが、アメリカは、一国だけで請け負うことを拒否し、NATO諸国や当時アメリカを経済力で急追していた日本にも「共に血を流せ」と要求したのである。自衛隊の海外派兵、米軍との共同軍事行動の要求である。

しかし日本政府はその要求に応ずることができなかった。自衛隊を合憲とするために余儀なくされた、自衛隊の海外出動を禁止する政府解釈が立ちはだかったからである。そのため政府は、憲法の改変に手をつけることになったのである。

もう一つの改革は、冷戦終焉で拡大した世界で、大企業同士の世界を股にかけた競争が激化したことを機に起こった新自由主義改革であった。大企業同士の競争に打ち勝つために、各国は、大企業の競争力を強化する改革に手をつけた。

## 2　解釈改憲による自衛隊派兵の試みと攻防

憲法に対する攻勢は、アメリカの圧力を受けての自衛隊派兵の企てとして始まった。湾岸戦争に対しアメリカは、自衛隊の派兵を強く要求し、海外展開を本格化した財界も「国際貢献」の大合唱で派兵を主張した。

政府は、海外派兵を強行するのに解釈改憲方式を採用した。安保闘争の悪夢があったこと、アメリカの矢のような催促に明文改憲では間に合わなかったからである。

### 国連多国籍軍への参加要求と国際貢献イデオロギー

ところで、九〇年代初頭のアメリカは、冷戦後になって国連の旗の下にアメリカの戦争がおこなえる条件ができたことから、当初は国連を使っての武力行使を追求していた。そのためアメリカが日本に求めたのは、国連主導の多国籍軍への参加であった。

そこで政府はまず、国連の集団安全保障措置、多国籍軍などへの参加を確保しようとした。それまでの政府解釈は、いわゆる「国連」軍への参加の場合でも、その目的・任務が武力行使を伴うものであれば、自衛隊の「参加」は認められないという解釈をとっていたから、その変更がめざされたのである。

こうした国連主導の多国籍軍への参加という形をとった自衛隊派兵の動きは、〝冷戦が終わって世界は一つになった、冷戦期と異なり日本も国際貢献を〟というイデオロギーを拡散させる契機となった。国連に対する高い評価も国際貢献論を普及させるのに大いに貢献した。

## 武力行使との一体化論の深化

内閣法制局は、湾岸危機に際しての自民党による自衛隊を派兵しろ、という強い要求に対して、海外での武力行使は違憲という線を堅持しつつ、そうした多国籍軍等への自衛隊の後方支援活動に道を開く解釈を提供しようとはかった。

そこで、新たにクローズアップされたのが「武力行使との一体化」[22]論であった。まず、多国籍軍の目的任務が武力行使を伴うものであっても、自衛隊自身が武力行使をせず、かつ自衛隊が当該軍の司令官の指揮下に入りその一員として行動する「参加」に至らない「協力」の範囲であれば、許されないわけではないという解釈で、武力行使を含む活動へも「協力」する道が開かれた。次に、自衛隊が武力行使をせず、かつ「他国の武力行使と一体化しないようなものなら許されるという解釈をうち出したのである。

この時点では、「武力行使との一体化論」は、なんとか自衛隊を海外に出すために内閣法制局が編み出した「解釈」であったが、これが後々、自衛隊の活動を縛る大きな枷となるのである。

## 自衛隊の活動を容認する新たな潮流

こうした政府の解釈改憲の後押しをする新たな動きが台頭した。いままでみられなかったリベラル派の内部からの現実主義潮流の台頭であった。新たな現実主義派は、冷戦の終焉、国際貢献の要請を踏まえ、旧来の安保、自衛隊違憲論を転換し、自衛隊を国土防衛と国際貢献にかかわる合憲的組織へとつくりかえることを提唱[23]した。いわゆる「平和基本法論」である。この議論は、冷戦の終焉を機に今こそ憲法九条の「武力によらない平和」の構想を押しすすめようと主張するのではなく、それとは全く逆に、冷戦が終わった今こそ、自衛隊の合・違憲をめぐる「不毛な」対立に終止符をうち、自衛隊を認めて国際貢献に、という主張を展開したのである。

そうした動きとも連携しつつ社会党が安保・自衛隊違憲論を放棄するという事態が起こった。

社会党は、小沢一郎の呼びかけに応えて、「政治改革」＝小選挙区制の導入に賛成し、政権の一角に加わったのち、一九九四年、村山富市を首班とする自民・社会・さきがけの連立政権発足を機に、安保、自衛隊合憲論に転じたのである。その後社会党は分裂し解体した。社会党の消滅は、第二期、第三期において憲法を擁護しその実現をめざす運動の一角を代表してきた巨大な政治的力の喪失をもたらした。憲法をめぐる攻防の力関係は大きく転換した。

## 3 自衛隊派兵をめぐる攻防

しかし、憲法の破壊は、政府が望むようには容易にはすすまなかった。湾岸危機、湾岸戦争以降、自衛隊の海外派兵に反対する大きな運動が起こった。この運動の新たな特徴は、既存の労働運動や憲法運動に加えて、新しい、多様な市民運動が参加したことであった。多数の市民運動団体がつくられ、自衛隊の海外派兵に反対する声をあげていった。

こうして、自衛隊の海外派兵という憲法九条への新たな脅威をめぐる攻防の四半世紀が始まったのである。

## ＰＫＯ協力法

政府がまずおこなったのは、一九九二年、国連ＰＫＯ協力法による国連ＰＫＯへの自衛隊派遣であった。政府は、自衛隊が武力行使を伴わず、かつ武力行使と一体化しないという二つの条件をクリアするためにＰＫＯ参加五原則を付けて法制定を強行した。

ところが、九三年あたりを境にアメリカの世界戦略が変わった。冷戦終焉を機に「国連」を使って世界の自由市場秩序の維持をおこなおうという方針からの転換であった。国連はアメリカが思ったほどアメリカに追随してくれないことから、アメリカは、「ならず者国家」への攻撃、介入を、有志連合あるいはアメリカの単独派兵によって強行することを辞さない方針に転換したのである。

それに伴って、日本への要請も、直接米軍の作戦行動への加担を求めるものとなったのである。日本に対する米軍支援の圧力は、九三年以来の北朝鮮核危機に際して起こった。九四年になって北朝鮮攻撃を決意したアメリカは、日本に対して、一一〇〇項目に及ぶ支援要求を出してきたのである。しかし、日本は後方支援であっても「武力行使と一体化した」活動はできないという憲法上の制約にはばまれ、これに応じることはできなかった。アメリカの大きな失望をかったのである。

## 新ガイドラインの締結

橋本龍太郎政権は、こうしたアメリカの圧力に応えるため、米軍の戦闘作戦行動への支援を実行する手だてを模索しはじめた。橋本政権は、一九九六年「日米安全保障共同宣言」[24]を発表し、日米安保が「アジア・太平洋地域において安定的で繁栄した情勢を維持するための基礎」であると謳って安保条約の適用対象地域の拡大を打ち出し、日米安保の拡大に対応して七八年ガイドラインの改定に合意したのである。

九七年に締結された新ガイドライン[25]は、アメリカが強く望んだ、米軍の活動に対する後方支援を、「日本周辺地域における事態で日本の平和と安全に重要な影響を与える場合」＝「周辺事態」における米軍の作戦行動への支援という形で明記した。同時に新ガイドラインは、米軍の後方支援を、市民の抵抗を受ける危険のある憲法改正や政府解釈の抜本改正でおこなうのではなく、既存の解釈枠組みの中で実行することをめざした。そのことは、ガイドラインの米国側の当事者ジョセフ・ナイの次の言葉に明瞭に表明されていた。「われわれとしては、（安保）条約改定や日本の憲法改正が必要だとは思いません。法的な枠組みにまで触れると、パンドラの箱を開けることになる不安があるのです。……現在日米安保関係の再構築に向けて両国合同で作業に入っていますが、これもあくまで現行の条約・憲法の範囲内で行っています」[26]と。

そうした限定のため、新ガイドラインは、米軍の作戦行動のうちでも「周辺事態」に限って支援するばかりでなく、自衛隊の活動も「後方地域」に限られるとしたのである。しかしとにかく、新ガイドラインによって米軍の軍事行動への後方支援の第一歩が踏み出されたのである。

## 周辺事態法

この新ガイドラインを実行するために周辺事態法[27]が制定された。アメリカの後方支援要請、市民運動の強い反発、それを受けた議会での追及、内閣法制局の解釈という諸力の合流の結果、周辺事態法は、以下の限定付きで自衛隊の米軍への後方支援をおこなうことを根拠づけたのである。

(一) 米軍の戦闘作戦行動のうち「我が国周辺に」おける「我が国の平和と安全に重要な影響を与える事態」を周辺事態と命名し、その場合に限り米軍の作戦行動に協力・支援する。(二) 集団的自衛権は認められていないから自衛隊は武力行使をおこなわない、後方支援も「武力行使との一体化」を避けるべく、地域的限定をおこなう。すなわち、自衛隊の活動は、我が国領域か「現に戦闘行為が行われておらずかつそこで実施される活動の期間を通じて戦闘行為が行われることがないと認められる我が国周辺の公海及びその上空」――これを法は「後方地域」と名づけた――に限られる。(三) 後方支援の中味も「武器・弾薬の提供」はしないなど違憲の疑いの出るものは避ける、という限定である。

周辺事態法は、自衛隊の米軍支援を初めて認めるものであったから、共産党や民主党の強い反対にさらされ、橋本政権では制定できず小渕恵三政権においてようやく、制定を見た。しかも国会での野党の追及を受けて、「周辺」という概念が厳しく限定されてしまった。

もともと、日米両政府は、「周辺」を広く機能的概念であって「地理的」概念ではないと主張してきたが、国会での追及で、「地球の裏側まで」行って米軍の戦争に加担するのかという批判を浴び、小渕首相はこの概念を地域的に狭く限定せざるを得なくなった。「日本の周辺地域に限定しており、中東やインド洋、地球の裏側は考えられない」と。

その結果、周辺事態法は、政府にとってきわめて使い勝手の悪い法律となった。二〇〇一年、九・一一テロ事件が発生しアフガンへの自衛隊派兵が求められるとその限界が露呈した。アフガニスタンは我が国「周辺」には入りそうもなかったからである。

## 自衛隊派兵強行とその限界

そこで小泉政権は、テロ対策特措法[28]を制定して、自衛隊をインド洋海域に派遣した。自衛隊の派兵を、(一)テロ対処目的なら世界のどこの紛争にでも、(二)活動の期間を通じて戦闘がおこなわれることがないと認められる地域＝「非戦闘地域」なら「外国の領域」へも派兵できるように拡大したのである。

二〇〇四年、小泉政権は、今度はイラク特措法[29]を制定し、ついにイラク本土に自衛隊を派遣した。自衛隊を海外に派兵しないという制約は打ち破られた。

しかし、この派兵は、既存政府解釈を維持したままの、しかも強い反対運動にさらされてのものであったため、大きな限界つきのものであった。

第一、この派兵には、依然として武力行使はしないという限定がついていた。

第二、さらに、「武力行使と一体化しない」という制約の下で、自衛隊の活動は「非戦闘地域」というきわめて限られた地域に限定されていた。しかも活動の中味も武器・弾薬の提供禁止をはじめ大きな限定がついていた。「武力行使との一体化」論が自衛隊の活動を制約する足枷となったのである。

第三、「周辺事態」以外に派兵する場合には、いちいち個別に特措法を制定して国会論議をしたうえでなければ行けなかった。そのため、アメリカの要請に迅速に対処することはできなかった。

この三つの限定を取り払わなければ、いつまでたってもアメリカの要請に全面的に応えることはできなかったのである。

## 4　明文改憲とその挫折

〝もはや解釈改憲は限界だ、この限界突破には今まで回避してきた明文改憲の実行しかない〟という声が上がった。こうして、皮肉にも自衛隊イラク派兵直後から、自民党内で明文改憲の動きが活発化したのである。

### タカ派と改憲の矛盾

ここで、大きな問題が生じた。党内で憲法調査会に結集し改憲問題に取り組もうという議員の多くは、「この憲法は占領軍が日本を弱体化するためにつくった押しつけ憲法だ」とか、「占領期間中につくられた憲法は無効だ」とか、「日本の戦争は侵略戦争ではなく仕方なくおこなった自存自衛の戦争だ」とかを唱える、タカ派の面々――安倍晋三がこうしたタカ派のサークルの一員であったことは言うまでもない――であったことであり、しかも彼らは九条に止まらず憲法の全面改正を主張していた。こんな主張に基づいて改憲案をつくれば、とうてい国民投票での過半数どころか、発議に必要な国会での三分の二の多数獲得すらできないような代物になるという矛盾であった。かといって、これら面々をはずせば改憲へのパワーは出ない。これは、安倍政権の現在にまで続く大きなディレンマである。

## 新憲法草案の作成・発表

そのため、改憲案づくりは自民党内で難航を極めたが、とにかく自衛隊が海外で武力行使できるように九条を改変することが急務であり、そのためには民主党も巻き込んで発議できるような改憲案でなければならない、という要請が通って、二〇〇五年自民党始まって以来初の、憲法改正草案、「新憲法草案」[30]が党議決定をみたのである。憲法改正を党是として結党された自民党が条文形式で草案をつくったのは、実は結党五〇年を経てこれが初めて、という点に、戦後の憲法をめぐる攻防の激しさが象徴されていた。

新憲法草案の特徴は、一言で言うと、自衛隊の海外での武力行使を可能にする憲法九条の改正を実現するために、草案が復古的なものとして、公明党や民主党に忌避されないよう、現行憲法の条文をできるだけいじらず、とくに復古派から出ていた前文の文章や天皇元首化、人権条項の中に家族保護や国防の責務を入れることなどを排除したものとなっている点であった。

その点は九条の改正案にも現れていた。公明党や民主党の嫌がる「集団的自衛権」の明記を避け、アメリカからの要請には、「国際社会の平和と安全を確保するために国際的に協調して行われる活動」という形で自衛隊の参加を確保し、くわしいことは国家安全保障基本法などに委ねる方針がとられているのも、そうした配慮のたまものであった。

## 第一次安倍政権による明文改憲の企図とその挫折

この改憲実行を担ったのが第一次安倍政権であった。安倍は小泉と違い憲法改正を祖父以来の宿願と定めた政治家であったから「任期中の憲法改正」というかつて歴代首相がだれ一人掲げたことのなかった公約を掲げて颯爽と登場した[31]。問題は安倍が、あるいは安倍政権の取り巻きの多くが、先に見たやくざな改憲集団であったことである。現に安倍自身、新憲法草案にいたく不満であったが、改憲実行のため自分の感情を抑えて実現に邁進したのである。

案の定、改憲に反対する運動が再び台頭した。今度の運動の一つの軸は、憲法改正に危機感をもって立ち上がった九人のよびかけ人によりスタートした「九条の会」という運動であった[32]。九条の会は、地域と分野別につくられたが、どちらの場合にも地域に根ざして広範な市民を組織した。二〇〇四年につくられた九条の会は、驚くほど広範な市民の熱狂的とも言える支持を得、瞬く間に輪が広がった。二〇〇八年には、会は七〇〇〇を超えた。それとともに、読売新聞の世論調査では、改憲反対派が伸びて、ついにこの年、改憲反対派が賛成派を逆転した。

安倍政権が改憲の突破口にした改憲手続法は強行採決を繰り返して制定されたが、結局安倍政権は倒壊に追い込まれ、改憲企図は挫折を余儀なくされた。

その後、安倍を継いだ各政権は、改憲を口にできなくなったばかりか、九〇年代以来すすめられてきた日米同盟強化、自衛隊海外派兵の動きも停滞を余儀なくされたのである。憲法第二の危機も潰《つい》えたかにみえた。

## 六　安倍政権の歴史的位置と私たちの課題

以上の憲法をめぐる七〇年に及ぶ攻防史の中において第二次安倍政権をみれば、その歴史的位置をとらえることができよう。アメリカや保守支配層にとってみれば、安倍政権は実に戦後七〇年にわたる宿願を今度こそ実現してくれそうな、最大の切り札である。安倍個人の思いでみれば、祖父岸信介と自らが挑戦して一敗地にまみれた憲法改正のリベンジ、三度目の挑戦である。

安倍政権のめざす戦争法案と改憲の詳細は第一章、第二章で検討したので、ここでは論じない。

しかし強調したいのは、安倍がいま掲げている戦争法案は、決して安倍個人の思いつきではなく、いわば支配階級の二重の宿願であることである。一つは、一九五〇年代初頭以来の保守政権の宿願、もう一つは九〇年代初頭以来四半世紀にわたる宿願である。

行論から言えば、戦争法案の第一のねらいは、第三期につくられた自衛隊の海外での武力行使に対する制約、集団的自衛権行使違憲論の制約を打破することである。第二の、アメリカにとってはより旨みのあるねらいは、九〇年代初頭に反対運動と政府の要請の間をとってつくられた「武力行使との一体化論」の制約をはずし、自衛隊を「後方支援」名目であれば地域的限定なく戦場にでも送り込めるようにする、また後方支援活動の内容の制限もはずすことである。いずれも運動との攻防でつくられた憲法による限界の打破がねらいである。これを万一通すようなことがあれば、九条の規範的意味は大きく後退し、解釈改憲が実行される。

これを通すか通さないか文字通り正念場である。

それだけに、これを阻むことは容易ならぬことではあるが、私たちは憲法の危機の度に、新たな陣列を組んでなんとか押し返してきた歴史に確信を持つことが必要である。

九条を擁護する幾たびかのたたかいで、安保条約を締結改正され全土の米軍基地を許し自衛隊をつくらせたが、その自衛隊を海外に派兵することは阻止してきた。九〇年代以降、ついに自衛隊の海外への派兵は許したが、依然として海外での戦闘行為はさせていない。

その結果、戦争や内戦を知らない国民が八割を超える国を私たちはつくってきた。こんな国は、アジアの中ではほかにはない。民主主義と自由を蹂躙する戦争を防いできた結果、民主主義も自由も激しいやりとりを通じて、維持されてきた。

しかし、憲法の現実は、戦後日本の出発に際して憲法がめざした構想からはほど遠い。第一の危機に際してつくられた安保条約の下で日本全土には米軍基地が展開した。沖縄返還後も依然沖縄は、アメリカの世界戦略の基地として機能し続けており、いま、また辺野古に新基地が建設されようとしている。日本はかろうじて自衛隊を海外に派兵しなかったとはいえ、戦後のアジアは戦争の策源地であり続け、九条をもつ日本はそうした戦争を止めることになんの力も発揮しなかった。日本国憲法をつくる原点となった日本の植民地支配と侵略戦争を国民的に総括し謝罪し反省する国民的営みは全く不十分である。

ところが、いま安倍政権はそんな憲法を根本的に破壊しようとしているのである。

われわれの課題は明らかである。安倍政権の企図を阻むために全力をあげること。このたたかい自体は、現状を維持する「保守的」たたかいであるが、あの安保闘争の結果が示すように、このたたかいからしか、憲法の構想を現実のものとするたたかいは始まらない。

【注】

1　いずれも塩田庄兵衛ほか編『日本戦後資料集』新日本出版社、一九九五年、所収。

2　いずれも貴族院事務局調査部編『憲法改正に関する諸論輯録』一九四六年、所収。

3　塩田編前掲書、所収。

4　ラウエル「幕僚長に対する覚書」高柳賢三編『日本国憲法制定の過程1』有斐閣、一九七三年、所収。

5　同前、二九頁。

6　この点はくわしく検討する必要がある。とりあえず渡辺『憲法9条と25条─その力と可能性』かもがわ出版、二〇〇九年、参照。
7　ロイヤル陸軍長官「日本の限定的再軍備」一九四八年五月一八日。この点、不破哲三『憲法対決の全体像』新日本出版社、二〇〇七年、一一〇頁以下にくわしい。
8　渡辺治『日本国憲法「改正」史』一九八七年、日本評論社、一〇五頁以下。
9　自由党憲法調査会「日本国憲法改正案要綱ならびに説明書」渡辺編著前傾『憲法改正問題資料集（上）』、四四頁以下。
10　丸山眞男「近代日本の知識人」、同『後衛の位置から』未来社、一九八二年、一一四頁。
11　渡辺前掲『日本国憲法「改正」史』二八四頁以下。
12　くわしくは、渡辺前掲『日本国憲法「改正」史』第四章、参照。
13　渡辺編著前掲『憲法改正問題資料集（上）』五七頁。
14　「憲法九条の『戦力』に関する吉田茂内閣の統一見解」一九五二年一一月二五日、渡辺編著前掲『憲法改正問題資料集（上）』一二二頁以下。
15　阪田雅裕編著『政府の憲法解釈』有斐閣、二〇一四年、四一頁に収録。
16　同前、四二頁に収録。
17　渡辺編著前掲『憲法改正問題資料集（上）』二二五頁以下、阪田前掲書、四八頁以下。
18　くわしくは、浦田一郎『自衛力論の論理と歴史』日本評論社、とくに第一部、第2章、第3章参照。
19　筆者の見解は、渡辺『憲法9条と25条─その力と可能性』かもがわ出版、同「朝日訴訟事件」石村修ほか編著『時代を刻んだ憲法判例』尚学社、二〇一二年、所収。
20　くわしくは、渡辺『企業支配と国家』一九九一年、青木書店、同『「豊かな社会」日本の構造』一九九〇年、旬報社、を参照。
21　渡辺編著前掲『憲法改正問題資料集（上）』三一五頁以下に収録。
22　くわしくは、浦田前掲書、一五〇頁以下、阪田編著前掲書『政府の憲法解釈』、一〇四頁以下、参照。
23　小関彰一ほか「平和基本法をつくろう」『世界』一九九三年四月号、所収。

24 渡辺編著前掲『憲法改正問題資料集（上）』四四五頁以下に収録。
25 同前、四六九頁以下。
26 ジョセフ・ナイ『Forsight』一九九五年四月号、四〇頁。
27 渡辺編著前掲『憲法改正問題資料集（上）』四八二頁以下に収録。
28 同前、五七二頁以下。
29 同前、六八八頁以下。
30 同前（下）、三三七頁以下に所収。なお、自民党内の草案作成過程については、渡辺「序　戦後憲法史・改憲史の概観」渡辺編著前掲書（上）、所収、参照。
31 くわしくは、渡辺『安倍政権論』二〇〇七年、旬報社、を参照。
32 くわしくは、渡辺前掲『憲法9条と25条—その力と可能性』を参照。

# 第四章　「戦後」日本の岐路で何をなすべきか

（二〇一五年四月稿）

## 一　岐路に立つ「戦後」

### 生き残った「戦後」

敗戦後の改革でつくられた「戦後」日本の体制は、保守政治によって繰り返しその改変と脱却の企てに直面してきた。戦後構想された日本のあり方が、アメリカと保守政治がめざす冷戦期の日本のあり方に真っ向から抵触したからである。

こうした衝突は、冷戦終焉後も収まるどころか一層激しくなった。「戦後」を脱却する、より一層大規模な試みが保守政治の側から提起された。第一次政権発足に際し安倍首相が掲げた「戦後レジームからの脱却」はその露骨な表明であった。

しかし、保守政権による、度重なる「戦後」からの脱却の企てにもかかわらず、それに反対する運動によって、「戦後」は当初の構想を大幅に歪曲されながらしぶとく生き残ってきた。

## 「戦後」とは何か

アメリカが占領に際して「戦後」日本に込めた目標は、日本がアジアで再び侵略と植民地支配に向かうことを阻むことであった。二〇世紀前半のアジアは世界の戦争の策源地の一つであったが、アジアにおいてほぼ一〇年をおかずして繰り返された戦争は例外なく日本がアジア大陸で始めた戦争であった。一九四五年、勝利を手にしたアメリカがめざしたのは、アジア・太平洋地域の自由な通商秩序であり、その阻害者となる日本の軍国主義の復活阻止であった。

第一次世界大戦後のドイツ軍国主義復活の苦い教訓を踏まえ、占領終了後もその体制が維持されるよう、復活阻止の包括的構想は憲法典の中に埋め込まれた。九条は、日本が再びアジアの侵略戦争を開始しないためのもっとも厳格な措置を謳うことで、アジアひいては世界の平和を実現しようという現実的構想であった。それだけではない。日本の侵略を防ぐことができなかったのは、戦争に反対する国民の声を抑圧した天皇制の専制支配にあるとされたから、国民主権が明記され、民主主義とそれを支える市民的自由が執拗なほどに保障された。さらに、軍部の中国大陸侵略に国民が一定の支持を与えた背景には貧困と狭隘な国内市場があったという認識の下、貧困の克服のための措置は軍国日本の復活阻止のためにも不可欠の保障とされた。日本国憲法は、こうして、九条、国民主権と市民的自由、二五条の生存権というセットで「戦後」の体制を表明したものであった。

だが、この「戦後」構想は、当初から日本の保守政治家にとって好ましくないものであったのみならず、冷戦激化により、当のアメリカにとっても早々と桎梏と化したのである。かくして、「戦後」の改変の企てが始まった。

## 「戦後」の廃棄をめぐる攻防

「戦後」を改変し壊そうという企ては、これまで三度あった。一度目は、安保条約と再軍備をめざした講和期である。第二の岐路は、安保条約を軍事同盟条約に改定し改憲をめざした一九六〇年。そして三度目の岐路が、九〇年代冷戦終焉に端を発する自衛隊の海外派兵の企てである。いずれの場合も、憲法とりわけ九条の改変が主要な課題であった。

このいずれの岐路にあっても、「戦後」を擁護する世論と強い運動が起こり、大きく後退・改変を余儀なくされながらも、「戦後」は廃絶を免れた。「戦後」という言葉が、七〇年も通用してきてしまったことはこの擁護勢力の頑張りの結果であり、今度こそ、「戦後」を葬り去りたいという衝動が噴出するのも、この綱引きに決着がついていないからである。

安倍晋三が政権に返り咲いてめざすものこそ、「戦後」の清算であり、私たちはいま、間違いなく、四度目の、そして最大の岐路に立っている。

## 二　「戦後」脱却の切り札としての安倍政権

### 安倍政権はたんなる時代遅れの復古派政権ではない

安倍政治に対する批判者の側では、その根源を安倍個人の時代錯誤で特異な思想のせいにする議論が圧倒的である。安倍が特異な思想の持ち主であることは明らかであるが、しかし、安倍の政治を安倍個人の思いつきとみることは誤りである。

安倍政権は、保守支配層の宿願とりわけ九〇年代初頭の三度目の岐路で達成できなかった四半世紀に及ぶ宿願の完成者として登場してきた面を過小評価してはならない。

安倍政権が強行した特定秘密保護法、集団的自衛権行使容認をはじめとする政府解釈の変更、そして今実現に向けアクセルを踏んだ戦争立法は、アメリカが九〇年代初頭以来くり返し要求し、海外進出を本格化させたグローバル企業が長らく求めてきた政治課題の遂行にほかならない。集団的自衛権や特定秘密保護法は安倍の思いつきではないし、安倍はその言い出しっぺではない。

また、タカ派内閣というイメージの陰に隠れて見逃されているが、安倍政権は九〇年代初頭以来軍事大国化とともに求められてきた新自由主義改革──小泉政権で凶暴に推進されたもののその帰結である貧困、格差の顕在化、反対の声の強まり、民主党政権の登場で七年間にわたり停滞を余儀なくされた新自由主義改革──の再起動、新段階への突入も推しすすめている。安倍政権は、アメリカや保守支配層待望の政権にほかならない。

## 復古的性格の「過大」評価が生まれるのはなぜか

にもかかわらず安倍政権が歴代保守政権と異なる特異な内閣と思われ、その復古的性質が過大評価──それは安倍政権の政治の過小評価につながってしまうのだが──されるのは、ほかでもなく安倍の靖国参拝強行に象徴的にみられる歴史の修正・改竄への執念にある。

安倍がこの二つの顔を堅持しているのは、彼の中でこの二つが、ある目標の下に統一されているからにほかならない。その目標とは、本格的に日本をアジアの大国として復活させたいという野望である。もちろん安倍がめざす大国は、あの戦前の大日本帝国ではない。冷戦後のグローバル経済の下で、世界規模で「活躍」するグローバル企業が安定して活動できる世界秩序づくりの一翼を担うグローバル競争大国である。安倍大国化の重要な柱に、グローバル企業の市場づくりのため自国の地域経済に壊滅的打撃を与えるTPPが座っていること、軍事大国化の主たる目標が中国のような自国単独の軍事力強化でなく、アメリカの戦争に加担する集団的自衛権行使容認に焦点が絞られていることは、それを示している。

## 安倍はなぜ歴史の修正・改竄に挑戦せざるを得ないのか

問題は、そうしたグローバル競争大国をめざす安倍が、そのための国民統合のイデオロギーとして歴史の修正・改竄、戦前の歴史の再評価を必須と思い定めていることである。

その理由はさまざまある。そもそも安倍に限らず自民党政権は、決して過去の植民地支配と侵略戦争に正面から向き合い反省してきたわけではない。戦争責任を追及すれば天皇制の支配にまで批判のメスは及ばねばならないが、そこには手を触れることはできなかったからだ。だが、主に周辺諸国への配慮から、曲がりなりにも「村山談話」に象徴される歴史認識を容認してきた歴代政権と安倍政権が異なることも明らかである。安倍がタカ派サークルの出身であり、この支援を政治基盤としてのし上がったことも背景にあるであろう。

しかし、安倍が歴史の修正・改竄に執念を燃やす最大の要因は、戦後ドイツとは異なり、「戦後」を肯定する延長線上では、安倍の軍事大国は正当化できないという点にある。

戦後ドイツはナチス独裁を激しく追及しその罪を清算することで正統性を得た。戦後西ドイツのいち早い再軍備もナチスドイツの跳梁《ちょうりょう》を許した戦前の二の舞はしないという理屈の下におこなわれたし、冷戦終焉後のNATO域外へのドイツ軍参加も、「戦後」西ドイツの延長線上に正当化された。

それに対して戦後日本の保守政権は、戦前の支配体制を否定してその正統性を得ることはできなかった。その代わり戦後日本は、軍事力保持を否定し軍事大国となることをくり返し否定することで近隣諸国に受容されてきた。だから、安倍政権が軍事大国をめざすには、こうした日本の「戦後」をトータルに否定しなければならないし、そのためには軍事大国であった戦前日本を肯定せざるを得なくなったのである。

しかも、「戦後」を超克するには、国民意識の中に強固に根付いてしまった「戦後」を否定するというやっかいな仕事をやり遂げねばならないが、その力業には大規模な大衆運動が不可欠である。ところが、保守政治はこうした大衆運動がめっぽう苦手だ。この苦手な運動の担い手は、戦前の歴史を正当化し、戦後をトータルに否定するタカ派集団以外にはいないのである。安倍は自らの「事業」遂行のためにも、この力を切ることはできない。安倍にとって、「日本会議」も、「新しい憲法をつくる国民会議」も、九条の会の向こうを張って一〇〇〇万人署名を提起する「美しい日本の憲法をつくる国民の会」も、たんなるお友達以上のものなのである。

こうした安倍の歴史改竄への固執に、アメリカや財界の安倍評価の動揺もあった。しかし今や彼らは、一抹の懐疑の念を胸に秘めつつ安倍政権を全面支持し、安倍を使って一気に宿願達成に走ろうとしている。安倍のような、自らも「戦後」を否定する野蛮な情熱の持ち主でなければ、歴代政権が軒並み失敗した「戦後」否定の荒業はできないことを思い知ったからである。

安倍政権こそ、保守勢力にとって、何度も挑んで失敗した「戦後」体制打破の最大の切り札なのである。

## 三 「戦後」を維持してきた原動力

では、「戦後」否定の企図はなぜ貫徹を阻まれ、「戦後」はなぜかくも長く続いたのか？ 「戦後」を超克しようとする企図をくじいた運動の担い手は誰だったのか？ その運動の広がりはどうして生まれたのか？ こうした問いに答えるべく歴史をふり返ってみよう。

### 1 第一の岐路

「戦後」にとっての第一の岐路となったのは、講和前後である。アメリカは、講和とともに安保条約の締結を強要し、講和ののちも日本を自由陣営に縛りつけ、かつ極東における反共の最前線として米軍基地を温存すること、日本の再軍備を加速することをめざした。それを受け、吉田政権が講和時に掲げた政治の構想は、片面・早期講和と安保条約による米軍駐留の存続、再軍備のセットであった。吉田自身は国民の憲法支持の気分に配慮して明文改憲には消極的であったが、この構想は憲法九条の「武力によらない平和」の構想を真っ向から否定するものであったから、支配層から改憲論が台頭することは不可避であった。

ところが、このセットに敢然と反対する運動が起こった。支配層の「戦後」否定の構想に、全面講和、米軍駐留反対、中立堅持、再軍備反対のセットで立ち向かうことを提起したのは、平和問題談話会に結集した知識人であり、それを「平和四原則」として運動の旗にしたのは、総評労働運動であった。この全面講和運動は、その後再軍備反対、米軍基地拡張反対の運動へ、そして改憲阻止の運動へと急速に拡大し、護憲勢力を選挙の度毎に増やし、ついに五五、五六年には衆、参両院で改憲発議を阻止する三分の一の議席を獲得させて、改憲に歯止めをかけたのである。この運動の特徴をやや乱暴に摘出してみよう。

第一に、この運動の担い手は、結成されたばかりの総評に結集する労働組合運動と、知識人、それに左派社会党の三つの勢力の連携であった。とくに総評に結集する労働運動が安保反対、再軍備反対、のちの基地反対闘争の主力となった。注目すべきは、総評の運動の原動力となったのは、あの悲惨な戦争を食い止められなかったことへの反省にあったことだ。すでに、〝労働者の生活改善をめざす労働組合がなぜ平和の問題などに取り組むのか〟、という声があったにもかかわらず高野実率いる総評が「民族の叫び」への共感を掲げ、平和運動の先頭に立ったのは、あの戦争を繰り返してはならないという強い思いがあったからであった。労働組合が平和運動の先頭に立つという戦後日本の常識は、実はこの時代につくられたのである。

第二の特徴は、「戦後」を守るたたかいに知識人が層として参加したことである。これまた驚くべきことであった。知識人の結集体となったのは、一九四九年につくられた平和問題談話会であったが、この運動では、二重の意味で、知識人の横断結集が実現した。一つは、安倍能成ら戦前期リベラルと戦後に活躍する若手知識人の連合である。もう一つは、文学、社会科学から自然科学も含めた知識人の横断結集であった。こうした知識人の層としての参加を促したのも、戦争への自らの責任を問う意識、丸山眞男の言う「悔恨共同体」であったことはよく知られている。

戦後第一の岐路で、日本は早くも「戦後」の枠組みを根本から変容させる安保条約と再軍備の枠組みを許した。しかし、これに抗するたたかいは、対抗する担い手を育て、「戦後」の公然たる否定＝改憲をひとまず阻んだのである。

## 2　第二の岐路

「戦後」を改変しようという第二の岐路は、五〇年代後半、岸信介政権のもとでやってきた。岸の思惑は、日本のアジアの大国としての復活であった。

岸政権は、大国化の前提として、また極東における米国の代理人となるためにも憲法改正をめざしたが、社会党の伸張により改憲発議は当面は望めなかった。そのため岸政権は、基地貸与条約であった安保条約を、より対等な軍事同盟条約に改定することをねらった。それを突破口に改憲を実行し、完全な軍事同盟体制の構築を図ったのである。

だが、安保条約改定には空前の規模の反対運動が起こった。岸政権は安保改定批准を強行したが辞職を余儀なくされ、自ら改憲に乗り出す夢を絶たれた。それどころか、安保反対のたたかいは自民党政治家を震撼させた。復古的な政治をすれば、岸政権の命だけではすまず自民党政権そのものが危機に瀕するという怖れから、自民党政治の大転換が起こったのである。

安保反対闘争の注目すべき特徴は三つあった。

一つは、社会党、総評と、分裂と極左冒険主義を清算して戦線復帰した共産党との共闘が成立したことが、運動昂揚の原動力となったことである。一九五九年三月二八日、安保条約改定阻止国民会議が結成され、以後二三次にわたる統一行動がなされ、安保闘争をリードした。お互いを敵呼ばわりしていた共産党、社会党の共闘には、総評が両党を同じテーブルにつける調整役として努力したことが大きかった。この共闘が、一党だけなら参加を躊躇した広範な無党派の労働者や市民層の参加を促した。講和時の第一の岐路とは比べものにならない、大衆運動の昂揚の要因の第一は、明確な共闘の成立にあった。

二つ目は、第一の岐路と異なり、革新政党が運動のイニシアティブを握ったことが運動拡大の大きな梃子となったことである。とくに、社会党は当時一六〇近い議席を持っていたが、これが国会で、安保条約の危険な実態を次々暴露し、それをマスコミが報道するという形で、国会でのたたかいが大きな力を発揮した。国会でのたたかいと院外の大衆運動とのキャッチボールが成立し、逆に大衆運動が国会での議員の闘争を激励した。これも大衆的昂揚の梃子となったのである。

三つ目の特徴は、革新勢力の共闘による「平和」の声の立ち上がりに加え、一九六〇年五月一九日の衆院強行採決以降、岸の民主主義蹂躙に怒った「民主主義」の声の合流によって、安保闘争は、革新の共同から国民的共同に転化したことである。

安保闘争は、その後も、六〇年代から七〇年代一杯、平和運動の昂揚を持続させた。たしかに改訂条約で安保は軍事同盟条約に変更されたが、運動は、安保条約の軍事同盟的機能の発動を押さえたばかりでなく、以後の自民党政治の「小国主義」的政治への転換を促した。運動が

「戦後」に豊かな内容を盛り込んだのである。

改憲を阻まれた政府は、自衛隊は九条で禁止された「戦力」ではなく「自衛のための必要最小限度の実力」であるという解釈で、九条の下での自衛隊の維持・存続をはかった。しかし、安保闘争に立ち上がった運動側はこうした解釈を認めず、自衛隊違憲論が盛り上がった。とくに、国会での社会党、共産党、さらに新興野党の公明党による政府解釈と自衛隊の実態の矛盾をつく攻撃にあって、政府は自衛隊の活動を制約する解釈で防衛することを余儀なくされた。

現在、安倍政権が突破しようとしている、自衛隊の海外派兵や武力行使を制約する政府解釈は、この力の中でつくられたものであった。とくに大きな制約となった解釈は、次の二つであった。一つは、自衛隊は自衛のための必要最小限度の実力だから海外派兵はしない。自国が攻撃されたら実力で反撃する個別的自衛権は認められるが、他国に対する武力攻撃に武力行使する集団的自衛権は禁止されているという解釈である。もう一つは、自衛隊は海外で武力行使が許されないのみならず、たとえ武力行使でない後方支援でも他国の「武力行使と一体化した活動」は禁止されている、という解釈である。後者は、自衛隊が後方支援であっても戦地に行くことを禁止するものであった。

「戦後」擁護のたたかいは、自衛隊が海外で武力行使しない原則を自民党政権に強要したのである。皮肉なことに、それが自民党政権の安定の一要因ともなった。

## 3　第三の岐路

冷戦終焉で世界の状況は大きく変わり、世界は、グローバルな企業が活動できる「自由な」市場秩序で覆われたかにみえた。今や一極覇権を確立したアメリカは、自由な市場秩序の維持拡大のための世界の警察官となり、秩序に歯向かう「ならず者国家」、さらにはグローバル経済で地域や共同体を破壊された反動として拡大した「テロ」の掃討に乗りだした。アメリカは、新しい戦争に、ＮＡＴＯや日本が参加することを求めた。「ただ乗りは許さない」、これがスローガンであった。冷戦末期から急速に海外進出を強めた日本企業も、アメリカの要求に呼応して「国際貢献」を保守政権に求めた。

しかし、アメリカや財界の要請に応えるには、憲法九条とそれを支える政府解釈を変えなければならない。こうして、六〇年以後の三〇年間、正面からの挑戦を受けなかった「戦後」超克の第三の岐路がやってきた。

自民党政権は過去の失敗の「教訓」から、改憲の新たな手法をとった。「戦後」否定の正面突破、明文改憲は国民の戦争忌避意識を逆なでして成功しない、憲法改変は当面九条の文言をいじらずにおこなうという解釈改憲方式先行論を採ったことだ。

解釈改憲優先で自衛隊を、インド洋海域、ついでイラクに派兵したのが小泉政権であった。

しかし、政府解釈の制約下での自衛隊派兵には「武力行使できない」という大きな限界があり、改めて明文改憲による突破論が台頭した。自民党結党以来、初めて改憲草案が作成・発表され、「任期中の憲法改正」を公約にして第一次安倍政権が誕生した。

ところが案の定、自民党が危惧していたとおりの事態、反対の声が立ち上がった。九条の会である。七五〇〇にのぼる九条の会の広がりにより、安倍政権の明文改憲の動きは挫折を余儀なくされたばかりか、それまで推進してきた自衛隊の海外派兵の動きも停滞を余儀なくされた。

第三の岐路で、自衛隊を派兵させながらなお「戦後」を存続させた運動の新たな特徴は三つあった。

一つは、運動の担い手の主力を占めてきた労働勢力、革新政党勢力の組織力に減退が起こったことである。まず、政党では、「政治改革」の名の下で採用された小選挙区制の結果、社会党が解体した。共産党、社民党という明確な護憲勢力は、国会の三分の一をはるかに下回る勢力しか持ちえなくなった。労働運動も総評が解散し、主力の民間単産、公共部門労働組合を引き継いだ連合は、もはや改憲反対のイニシアティブをとらなかった。

第二の特徴は、それに代わって市民運動の力量が大きく増大したことである。冷戦終焉以後、自衛隊の海外派兵に危機感を持って新しい市民運動がつくられ、しかも市民運動は、それまでの市民運動に特徴的であった反政党的スタイルを転換して、政党を含めた共同に積極的となった。総評に代わって政党間共同の調整役を果たそうという動きが現れた。二〇〇一年から五月三日に開かれてきた「5・3憲法集会実行委員会」の取り組みは、共同を求めるこうした新しい市民運動の方向を象徴していた。

第三の特徴は、政党や労働組合の状況、市民運動の増加を基礎に、新たな憲法の共同運動が生まれたことである。九条の会が結成され活動をはじめたことである。九条の会は、今までにはみられない、緩やかな、ネットワーク型の組織で地域に広がり根付いていった。改憲を阻む運動の広大な貯水池が生まれた。

## 四 「戦後」日本の岐路に立って——改憲阻止の国民的共同組織を

### 1 安倍政権の改憲戦略

安倍政権の政治は、今度こそ「戦後」を葬り去ろうという決意に燃えている。そのため、安倍政権は二つの方針を掲げている。第一の方針は、「戦後」打破の苦い失敗の経験を踏まえ、九条改変を解釈改憲の手法で突破すると定めたことだ。安倍政権は、二〇一四年七月一日、集団的自衛権行使容認を核とする既存政府解釈改変の閣議決定を強行した。しかし、閣議決定だけでは事態はすすまない。それを法案化し、国会の承認を受けなければ自衛隊は海外で米軍との共同作戦、アメリカの戦争への支援をおこなうことはできない。安倍政権は、その戦争立法をこの五月中旬に通常国会に提出しようとしている。

これが通れば、九条の規範的意味は大きく削減される。文字通り解釈改憲が完成する。

しかし、第二に、安倍政権は解釈改憲と並行して明文改憲を実行するという決意を固めている。戦争しないことを前提にした日本国憲法をそのままにしては「戦後」の超克は完成しないことを自覚しているからだ。しかも、明文改憲への国民の警戒をすり抜けるべく、明文改憲を段階的にすすめようとしている。第一段階では公明党、民主党の合意をとることを念頭に、新しい人権と緊急事態条項の改憲案を提示して国民投票を乗り切り、第二段として本命の九条改憲に及ぶという戦略である。

かくして、私たちは、戦後日本の第四の、そして最大の岐路に立っている。奇しくも戦後七〇年、多くのメディアでは、「戦後七〇年企画」が華やかであるが、残念なことに、今、戦争立法をめぐって「戦後」の改廃をめぐる正念場が来ているという認識は共有されていない。「戦後」超克の企てを阻むには、あらゆる改憲を阻むことを目標とした国民的共同の組織をつくる以外にない。

## 2　安倍政権の矛盾と新たな可能性

安倍政権は容易ならぬ政権であり、今や、アメリカも財界も少なからぬ躊躇を含みつつ安倍の「戦後」清算を全面支持するに至っている。けれども、安倍政権の政治基盤は決して強くない。何よりその政治の方向性の故に大きな矛盾と弱点を抱えていることをみなければならない。

### 安倍政権、三つの矛盾と弱点

安倍政権の第一の、最大の矛盾は、安倍の政治が、自民党政権が、「戦後」擁護の国民の世論と運動に強制され、六〇年代以降続けてきた戦後外交の原則を覆そうとしていることである。自民党政権は、安保条約による米軍駐留を容認し米軍の手先となる自衛隊の拡大に腐心してきたが、にもかかわらずその自衛隊は海外に派兵しない、また戦前期に植民地支配や侵略の対象となったアジア諸国とは仲良くするという原則を堅持してきた。安倍政権が清算しようとしているのは、ほかでもなくこの原則である。

野中広務、河野洋平、古賀誠、さらには山崎拓に至る自民党のもと領袖が相次いで危惧を表明しているのは、自らもその維持にかかわってきた、この原則が覆されようとしているからであるが、彼らの発言の背後には分厚い保守層大衆の懸念があることを見逃してはならない。

第二の矛盾は、安倍政権による新自由主義改革の再起動——TPP、原発の再稼働強行、医療保険制度改悪など——の直撃を受けている地域の離反である。いっせい地方選挙で自民党は、こうした矛盾を糊塗するべく「地方創生」を前面に出して乗り切ったが、安倍政権の政治がすすむにつれ、地域での疲弊はすすまざるを得ず、その抵抗は起こらざるを得ない。

第三の矛盾は、安倍が固執する歴史の修正・改竄——さしあたりは、戦後七〇年談話、慰安婦問題に対し、アジア諸国の国民、広範な日本の国民に加え、欧米諸国の不安や反発を掻き立てざるを得ないことだ。安倍自身もそうした懸念は感じながら、改憲＝「戦後」打破には、歴史改竄派の力を借りなければすすまない。

## 国民的共同の条件、新たな可能性

「戦後」の岐路にあって、国民的共同の組織ができたのは、第二の岐路に際しての、安保闘争の経験しかない。ところが、安倍改憲を阻む国民的共同の組織をつくるためには、六〇年安保闘争と比べると、不利な条件が目に付く。安保闘争をリードした総評労働運動は、二五年前に再編され、労働戦線全体が「戦後」擁護のたたかいに参加できる体制にはないこと、社会党の解体後国会での護憲・反安保の勢力は大きな後退を余儀なくされ今やこの旗は、共産党、社民党に止まっていること、この間の中国の軍事大国化、覇権主義の動きや北朝鮮の相次ぐ挑発的な行動などを機に、国民の中には、安保や日米同盟を頼りにする意識が、軍事大国にはなりたくないという意識と併存しつつ増大していること、などである。

しかし、安保闘争の時にはなかった共同の新たな可能性と運動の経験を私たちは持っている。第一は、安倍政権の政治に対し少なくない保守層が懸念を表明していることである。保守層は、自ら立ちあがる可能性は低いが、共同の組織がつくられれば「戦後」擁護の隊列に参加するであろう。第二は、安倍政権の戦争立法だけでなく、新自由主義改革の強行に対して地域が反旗を翻しつつあることだ。九条の会の七五〇〇は、こうした地域を根城にしてつくられ存続している。第三は、九〇年代以降の市民運動の力量の増大である。第四は、女性たちの運動参加が飛躍的に高まったことだ。安保闘争は、男性正規従業員が主力となった運動であったが、現在の様相はこれと大きく異なっている。第五は、中高年が参加して、運動が全世代的に広がっていることである。第六、六〇年安保の時にはみられなかったアジアとりわけ韓国の市民運動との連帯がすすんでいることだ。

## 3　改憲を阻む国民的共同の課題

安倍政権の企てを阻むには、新たな条件を生かして国民的共同のたたかいを組織することが緊急の課題である。

すでに第二次安倍政権の企てに危機感をもって、かつてない共同の試みが試行錯誤されている。「解釈で憲法9条を壊すな！実行委員会」と「戦争をさせない1000人委員会」「憲法を守り・いかす共同センター」の三者が、「戦争させない・9条壊すな！総がかり行動実行委員会」として共同の組織を立ち上げた。この「総がかり行動実行委員会」が、さらに大きな輪をつくって、五月三日の集会に取り組んだ。こうした「総がかり」の共同を強め、明確な改憲阻止の共同組織をつくることが急務である。

国民会議方式は古い、ネットワーク型の連携こそ、という声があるが、改憲立法や改憲発議を阻むには、九条の会型の広範な取り組みとともに、国会の内外を連動して機敏で集中的な運動をおこなう強い組織が不可欠である。これとイメージの近い共同の経験として、二〇一二年と二〇一四年の東京都知事選における共同があげられる。市民運動のイニシアティブで革新政党や労働組合が組織的に結集し、保守的な層とも連携して集中的に運動をつくり出した最新の経験である。

## 安倍政治に反対する三つの立場の共同

これまで七〇年間「戦後」を守ってきた運動の経験を踏まえた、改憲阻止の国民的共同の組織づくりに際して注目すべき点をあげておこう。

第一に、安倍の政治に反対するさまざまな立場、思想の人々をその違いを自覚しつつ結集する必要があることだ。

安倍政権の政治に反対している人々には、三つの立場がある。第一は、安保条約に反対し、米軍に追随し戦争能力を強めている自衛隊にも反対し、基地撤去、「武力によらない平和」を求める立場、九条の思想から反対する人々である。第二は、安保条約、自衛隊は必要であるが、自衛隊がアメリカの戦争に加担して海外に行くこと、戦争する国づくりには反対する人々である。第三の立場は、集団的自衛権解釈変更のような国の方向を転換する大問題を国民的議論抜きに進めることは立憲主義に反するという立場から反対する人々である。大きくはこうした三つの立場の人が、国民的共同の組織に結集すべきである。自民党支持者層を含めた地域の広範な良心的保守層の安倍改憲に対する危惧は、このうち第二の立場からのそれだが、この第二の立場に立つ人々の共同への参加が、国民的共同成否の鍵を握る。

とくに強調したいのは、こうした大きな共同をつくり育てていくには、狭いセクト主義を克服する努力が必要だが、同時に共同のために、ということで過度にお互いの議論を抑制することは決して運動を強めることにはならないということである。

## 辺野古新基地建設反対のたたかいとの共同

第二に、安倍改憲を阻む共同のたたかいは、辺野古の新基地建設強行に反対するたたかいをその課題の一つとして取り組むべきだという点である。辺野古新基地反対にも二つの立場がある。一つは、安保条約による米軍基地、普天間基地は日本の平和を脅かすものでありその撤去を求める立場からの反対であり、第二は、安保条約に基づく米軍基地は必要でもあまりにも過重な沖縄への負担は許さない、という立場からの反対である。安倍改憲を阻む国民的共同は、辺野古新基地建設反対という一致点でたたかわなければならないが、普天間基地撤去を含めた基地問題の解決のためには、日米安保批判のたたかいを独自に強めていくことが不可欠である。

## 政党の責任と共同の組織への参加

第三に、国民的共同のメンバーとして、改憲に反対する政党が加わるべきだということである。戦争立法阻止をはじめ改憲を阻むたたかいの大きな舞台は国会である。その意味では院外での運動と同時に、国会の舞台の双方で政党の果たす役割と責任は重い。国会での機敏な暴露や反対がなければ、戦争立法、改憲を阻むことはできない。院内で戦争立法に反対する共同の成立が急がれねばならない。

この点に関しとくに強調しておきたいことは民主党の態度決定である。民主党は、戦争立法、そして改憲について、それが戦後の日本のあり方を根本的に転換させるものだという点を認識したうえで、はっきりと戦争立法反対の態度を打ち出すべきである。民主党の存亡が問われている。

## 知識人の責務

第四に、改憲を阻む国民的共同の運動の中で、それぞれの運動体や個人が、安倍政治の構想する日本に対する対抗構想をつくり議論していくことが不可欠であるという点である。こうした対案の探求については、政党はもちろん、知識人の責務が大きい。

かつて、戦後第一の岐路にあって、平和問題談話会は、東京、関西に「文科」「法政」「経済」「自然科学」の各部会を設置して、共同研究を続け安保と再軍備に代わる対案を探求した。その構想は、安保と再軍備に代わる政治・外交の構想に止まらず、対米依存と軍需に代わる自立した経済の構想、さらには文化の構想に及んだ。

そうした東北アジアと日本の平和構想の探求と並行して、植民地支配と侵略戦争を繰り返した日本の歴史の国民的総括が不可欠である。こうした国民的議論は全く不十分であり、これが安倍政権の歴史の修正・改竄の動きを助長している。こうした国民的総括の呼びかけも知識人の責務である。

憲法の中に埋め込まれた「戦後」は、発足早々、安保や再軍備によって根本的改変をこうむり、いまだ一度も実現をみぬまま、存立を脅かされ続けてきた。

＊

「戦後」は未完である。しかし、過去何度かにわたる「戦後」超克の企図に対するたたかいを通じて、日本国民は憲法を選びなおし、また、海外で戦争しない「戦後」をつくってきた。

安倍政権の「戦後」清算の企図に立ち向かい「戦後」を築き直すたたかいを通じて、未完の「戦後」実現への第一歩を踏み出すこと、これが、現在の私たちの責務である。

# 第Ⅲ部　岐路に立つ日本—戦争法案反対運動の切り拓いた地平

# 第五章　戦争法案反対運動の到達点と「戦争する国」づくり阻止の展望

（二〇一五年一〇月稿）

## はじめに

安倍政権が不退転の決意で出してきた戦争法案に対して、安保闘争以来というべき反対運動が盛り上がった。九月一九日法案の採決は強行されたが、この運動は安倍政権を追い詰めその政治に打撃を与えたばかりでなく、多くの教訓と確信を与えた。本章では、戦争法案反対運動が切り拓いた新たな地平と課題を改めて検証し、安倍政権が強行しようとしている「戦争する国」づくり阻止のたたかいの展望を明らかにしたい。

## 一　戦争法案反対運動を改めてふり返る

安倍政権は、戦争法案を、満を持して国会に提出した。すでに四月二八日のアメリカ上下両院合同会議演説で安倍は、戦争法案の「この夏まで」の通過を公言していた。ところが、安倍首相の思惑は大きく狂うことになった。戦争法案反対運動の昂揚が安倍の目算を狂わしたのである。

まず、戦争法案反対運動の推移を改めてふり返っておこう。法案をめぐる攻防は、五月一五日の国会提出以来、五つの時期に分けられる。しかし法案反対運動には安倍政権発足以来の長い準備期があるので、そこから検討を始めたい。

## 1　戦争法案反対運動準備期――2014年5月～15年5月

安倍政権は、第二次政権発足直後から、第一次政権時の二〇〇七年に設置しながら開店休業にあった安保法制懇を再開し、「解釈変更」という形で集団的自衛権行使容認を獲得する決意を固めていた。

安倍政権は一方で安保法制懇を動かしながら政府解釈の変更をすすめるべく、二〇一三年夏、内閣法制局長官を更迭して小松一郎をすえ、他方集団的自衛権行使容認に反対する公明党との協議をすすめ、与党としての落としどころを探った[1]。いわゆる「集団的自衛権の限定行使論」

である。

一四年五月一五日、安保法制懇の報告を受け取った直後、安倍首相は記者会見を開き、集団的自衛権の限定行使の方針を打ち出し、公明党との協議を踏まえて七月一日、集団的自衛権の限定容認を核として既存の政府解釈を根本的に改変する閣議決定をおこなったのである。そして、政府は、この閣議決定を具体化する法案づくりに入った。

それに対して、この時期には戦争法案反対運動につながるいくつかの取り組みが始まった。三つの流れが注目される。第一の流れは、市民運動、政党などが安倍政権成立、安保法制懇の再開直後から、いち早く集団的自衛権行使容認の動きに対し批判と反対の取り組みを強めたことである。たとえば、九条の会は、一三年一〇月七日に記者会見を開き、会の発足時以来出していなかったアピール「集団的自衛権行使による『戦争する国』づくりに反対する国民の声を」を発表し、安倍政権が集団的自衛権行使を解釈改憲の手法でやろうとしていることに警鐘を鳴らした。同年一一月一六日の「第五回全国交流討論集会」では、柳澤協二を呼んでシンポジウムを開き、安保法制懇の報告批判の学習会も開いた。こうした戦争法案につながる動きをいち早く取り上げ批判する活動が続けられた。

第二の流れは、戦争法に反対するための共同をつくるさまざまな試みが実を結び、ついに一四年一二月一五日に、「戦争をさせない１０００人委員会」「解釈で憲法９条を壊すな！実行委員会」「憲法を守り・いかす共同センター」の三実行委員会が共同して「戦争させない・9条壊すな総がかり行動実行委員会」(以下、「総がかり」と略称)が結成されたことである。

第三の流れは、安倍政権が明文改憲のために九六条の先行改正論を出し改憲手続自体を改変しようとしたこと、集団的自衛権の行使容認という政府の確立した解釈を閣議決定で改変したことに対し、「戦争する国」づくりを許さないという平和の声と重なり合いながら、立憲主義を守れという声が湧き起こったことだ。

この三つの流れが、戦争法案反対運動に合流したのである。

## 2 第一期—5月15日~6月4日 運動の担い手の登場

第一期は、戦争法案が国会に提出された五月一五日から、六月四日までの時期である。この時期は、今度の戦争法案反対運動で主要な役割を果たし運動の昂揚をつくり出した新たな組織が戦争法案反対の運動に登場した時期だ。この時期のたたかいが、第二期以降の運動の飛躍的発展を生んだのである。

登場した新たな組織の第一は、「総がかり」であった。総がかりが中心となり、さらに輪を広げて、五月三日に横浜臨港パークで三万人が集い憲法集会がもたれた。この集会では、民主党、共産党、社民党の代表がそろってあいさつするという、かつてない事態が現出した。これは総がかりの共同の力を象徴する出来事であった。

総がかりが戦争法案反対で最初の集会をもったのが、五月一二日であった。総がかりは続いて、毎週木曜の国会前、定例行動を呼びかけた。

新たな組織の二つ目は、ＳＥＡＬＤｓであった。ＳＥＡＬＤｓは、六月五日から、毎週金曜日の定例行動を開始した。

こういうかたちで、戦争法案反対運動を盛り上げた二つの組織が行動を開始したのである。

## 3　第二期―6月4日～7月16日　反対運動の急速な広がり

運動は、六月四日の憲法審査会での参考人三人の違憲発言を機に、第二期に入った。この発言で、法案は違憲だという声が広がり、それまで必ずしも積極的でなかったマスコミがいっせいに法案の違憲性を追及し、反対運動を報道しはじめた。第一期の運動が一気に広がった。

集会への参加が激増した。総がかりの五月一二日の集会は二八〇〇名であったのに対し、六月一四日の集会には二万五千人、六月二四日には三万人が集まった。わずか一カ月で一〇倍の市民が集まったのである。

こうした運動の広がりにより国会の特別委員会でも野党の追及が厳しくなり質疑はしばしば中断、審議は安倍の当初もくろみを大きく遅らせた。運動の昂揚で安倍政権は、二つの誤算を生じたのである。

一つは、安倍政権が当初想定した八月上旬までの会期延長という予定を変更し、九五日の大幅会期延長を余儀なくされたことである。法案に対する「予想外の」厳しい追及が続く中、八月上旬までに衆参両院で法案採決を強行するなどとうてい無理であることが判明したからだ。しかも、衆院に比べ政府・自民党の議員に対する掌握力が相対的に弱い参院で万一採決できない状況になっても、六〇日ルールで法案を可決できるようにするには当初予定を大幅に引き延ばさざるを得なかったのである。

実は安倍首相にとって八月上旬という期限は絶対に動かせないものであった。なぜなら、もし八月上旬で国会を閉じられないと、たいへんな事態が起こることがわかっていたからだ。まず、首相がめざす大国化のために戦争法と並んで固執してきた、原発再稼働の一番手、川内原発一号機の再稼働が八月一〇日前後に予定されていた。国会が開いていればその審議、野党の追及は不可避だ。

さらに、これまた戦争法案と並んで首相が大国化のカナメと位置づけていた辺野古新基地建設でも、八月に大きな爆弾が予想されていた。翁長知事が、八月中旬には前知事の許可した辺野古埋め立て許可の取り消しをやるという情報が入っていたことだ。

さらに頭の痛いことに、安倍首相自身が、戦後七〇年に向け、村山談話を否定する安倍談話を予定していた。これらは戦争法と並んで安倍大国化のためには不可欠な政治であるにもかかわらず、いずれも国会が開いていれば野党の厳しい追及を受けること必定の課題であり、下手をすればそれぞれ大幅な支持率低下は避けられないものばかりであった。しかし安倍首相は、戦争法を通すには、これら爆弾の危険を承知のうえで、あえて会期延長に踏み切らざるを得なかったのである。

二つ目の誤算は、これだけ会期延長してもなお、六〇日ルールの発動を可能にするためには、衆院で強行採決を強いられたことである。安倍首相は、特定秘密保護法の強行採決で支持率を大きく下げた「苦い」経験を持っていたから強行採決は何としても避けたかった。にもかかわらず衆院で二度の強行採決を余儀なくされたのである。運動に追い詰められた安倍政権の二つの誤算は、第三期以降さらに政府を追い詰めていった。

## 4　第三期――7月16日〜7月27日　反対運動第一の昂揚期

第三期、一五日の特別委員会、一六日の本会議強行採決に続く一〇日間は、戦争法案反対運動の第一の昂揚期となった。国会前を万を超える市民が取り囲んだ。安倍政権の支持率は下がり、どの世論調査でも支持と不支持がついに逆転、毎日新聞世論調査では三五％まで下がり不支持は五一％に上った。戦争法案反対は六二％、法案の説明不十分と答える人は八二％に上った[2]。

このまま支持率が下がれば戦争法案の通過は危ないという焦りと苛立ちで、政府・与党内から暴言、失言が相次いだ。こうした危機の状況下で審議は参議院に移ったのである。

## 5　第四期―7月27日〜8月30日　参院審議、安倍政権の反攻と運動側の再編成期

参院審議の始まった七月二七日から八月三〇日までの第四期は、安倍政権側の巻き返し、運動側の地域での掘り起こし――攻防の幕間の時期である。

まず安倍政権側の巻き返しが始まった。安倍政権は、突然、八月一〇日から九月九日までの一カ月間、強行していた辺野古埋め立て工事の中断と県側との協議を打ち出した。言うまでもなく、国会審議中の戦争法案通過の障害となる、翁長知事による埋め立て許可取り消し決定を出させないためであった。中断と協議期間中は翁長知事も許可取り消しを出さないことをねらってだが、工事中断は安倍政権にとっては大きな後退であった。協議で政府側は全く譲歩する

気がないから、再開後は沖縄の怒りを増して一層鋭い対決になることは必定だからである。にもかかわらず戦争法案と絡むことだけは避けたい政府は、中断を決断した。政府与党の参院での強行採決のもくろみは、九月一一日であったから、強行採決までの引き延ばしは見え見えであった。

続いて、安倍政権は、七〇年談話でも重大な後退をおこなった。当初のもくろみは、村山談話の完全否定であった。村山談話の謳う「侵略」「植民地支配」そして謝罪、これを否定した安倍談話を出せば、以後、教科書における歴史記述は安倍談話の線で統制できるようになる。すでに安倍政権下での教科書検定基準の見直しで、教科書記述は、「閣議決定その他の方法により示された政府の統一的な見解……が存在する場合には、それらに基づいた記述」[3]をすることが義務づけられていたからだ。

ところが、安倍首相のこうしたもくろみは、一三年一二月の靖国神社参拝に対してアメリカが「失望」声明を出すことで、まず後退を余儀なくされた。安倍首相はその後、村山談話を「全体として引き継ぐ」と答弁せざるを得なくなったのである。しかし首相はあきらめていなかった。八月が近づいても、侵略、植民地支配、お詫びの文言は入れずに通すつもりである旨を繰り返した。それが変更を余儀なくされたのは戦争法案反対運動の昂揚による支持率低下であった。もし談話で、これらの文言を入れなければ、中国、韓国のみならず日本国民からも強い批判を浴びかねない。国会での追及も避けられない。おまけにオバマ政権の批判すら招きかねない。戦争法案通過が危ない。こうして安倍首相は泣く泣く、これらの文言を入れた[4]。

こうした巻き返しで何とか支持率減を食い止めたが、政府は参院審議で新たな火種を抱えた。八月一一日、日本共産党の小池晃議員が暴露した統合幕僚監部資料、さらに同党仁比聡平議員が暴露した河野克俊統幕長の米軍幹部との会談記録は、安倍政権が国会での審議を無視して法律の具体化、執行をすすめていた重大な立憲主義違反をおこなっていることを暴露しただけでなく、戦争法案がガイドライン実行、アメリカの戦争に全面的に加担することをめざしたものであることを明らかにした。

他方、運動側は、八月三〇日「国会前10万人、全国１００万人大行動」を呼びかけて、その成功の準備に入っていた。地域での運動の広がりをめざしたさまざまな取り組みが各地でおこなわれ、掘り起こしがすすんだ。終盤決戦に向け、対峙は急速に緊迫していった。

## 6　第五期―8月30日〜9月19日　反対運動第二の昂揚と戦争法強行

八・三〇大行動以来、一九日の強行採決までは、第五期、運動第二の昂揚期であり、安倍政権による戦争法強行の時期である。八・三〇大行動は、国会前を一二万の市民が包囲し、安保闘争以来の昂揚を実現した。全国では一〇〇〇カ所以上で取り組みがおこなわれた。

政府・与党は、国会での野党の追及により強行採決予定を次々あとにずらすことを余儀なくされ、また採決を督促する与党、衆院国会対策委員会と参院側の対立も生まれた。にもかかわらず安倍政権は、九月一九日参院本会議で採決を強行したのである。

第五期は、法案反対運動の第二の昂揚期をつくった。山場では連日万を超える市民が国会前を包囲した。九月一四日四万五千、一六日三万五千、一八日四万という具合であった。参院では民主党、共産党に加え、新たに特別委員会に入った社民党、生活の党、それに維新の党も加えて野党五党の共闘が成立し政府を追い詰めたのである。

## 二　戦争法案反対運動昂揚の原動力——二つの共同と新たな力

ではこうした法案反対運動の昂揚をもたらした動因は何であったろうか。今後の運動の土台となるものなので、やや詳しく検討しておきたい。

筆者は、二つの大きな要因があったと考えている。一つは、二つの共同ができたことであり、第二は、その共同に鼓舞されて、いままで九条の会や市民運動に参加したり関心を持った人々が根こそぎ結集し、さらに今まで運動に参加しなかった新たな階層や新たな部分が新たな組織で運動に参加したことだ。ここでいう組織とはある共通の目標をもった、人々のつながりである。戦争法案反対運動に登場した新たな組織は、既存のそれとは相当に異なる形態をもっていた。今回の反対運動を安保闘争と比較して、組織による動員から市民の自発性による立ち上がりが強調されるが、より正確に言えば、運動が市民個人の自発性を発揮する組織と共同の場をつくることに成功したと言うべきである。

## 1　運動の昂揚をつくった二つの共同・その一、総がかりの共同

六〇年安保闘争における未曾有の立ち上がりは、二つの要因からなっていた。一つは、長年激しく対立しあってきた社会党系と共産党系の運動が、安保条約改定阻止の一点で共闘したことである。その蝶番《ちょうつがい》に労働組合のナショナルセンターである総評がなった。これが当時の広範な無党派労働者や市民の参加を可能にした。もう一つは、安保条約に反対し憲法を擁護しようという「平和」の声に加え、安保改定を強行採決で押し通した岸内閣のファッショ的やり方は許さないという「民主主義」の声が大合流したことである。後者は、六〇年五月一九日岸内閣による警官隊を導入しての強行採決以後に現れた[5]。

戦争法案反対運動も、この二つの共同に対応する共同を作り上げたことが昂揚の第一の要因である。

## 総がかりという「ついに発見された」共同の形態

法案反対運動の昂揚をもたらした第一の共同は、戦争法案に反対という長期の目標で一致する諸勢力が長年の確執を乗りこえて共同したことにある。

共同と統一を求める道のりは、安保闘争以来、実に長かった。安保共闘は、直後から分裂の兆しを見せ、原水爆禁止運動をめぐる対立で、組織的にも対立し合うことになった。ベトナム反戦で一日共闘を実現したりしたが、第一の苦難の時代が始まった。しかし六七年都知事選では、美濃部亮吉候補の下、社会党、共産党が、安保共闘以上に明確な対等、平等の組織参加と政策協定を結んで共闘した。七〇年代前半期には、安保廃棄という目標で、社会党、共産党、さらには公明党も含めた連立政権構想が議論された。しかし、企業社会が定着した八〇年代初頭には社公連合政権合意が生まれ、そこでは共産党外しが明記され、統一への動きは頓挫した。九〇年代初頭の総評解散、連合結成により、今までしばしば統一に力を尽くしてきた労働運動自体が分裂した。

九〇年代アメリカの圧力の下、自衛隊の海外派兵と改憲の動きが台頭すると、自衛隊派兵に反対する市民運動が台頭し、新たな共同を模索する動きが出た。市民運動が蝶番となって、革新の統一を実現する動きが、五・三憲法集会などで続けられた。また、憲法九条の改悪に反対するという一点で個人が連帯する、九条の会という新たな組織が生まれたことも共同への新たな試みであった。にもかかわらず、運動団体が長期の目標で共同する企ては実現しなかった。

総がかりは、九〇年以来四半世紀にわたる、もっと言えば、安保以来半世紀以上にわたる統一への模索、努力の結果を踏まえ、戦争法反対、憲法擁護の一点で共同を実現しようという苦闘の産物であった。

## かつてない共同の形態

政党が前面に出ると共同は難しく、また労働団体も確執が強い現状で、三つの実行委員会の共同という新たな共同の形が編み出されたのである。戦争をさせない1000人委員会のよびかけ人には連合「平和フォーラム」の共同代表である福山真劫が入っていた。解釈で憲法壊すな！実行委員会には首都圏一〇〇を超える市民団体が入っていた。そして、改組された憲法共同センターには全労連、共産党が正式加盟していた。この三実行委員会の共同という形で、一四年一二月一五日、「戦争させない・9条壊すな！総がかり行動実行委員会」が誕生したのである。

総がかりは、こうして対立してきた運動団体間の共同を実現することによって、九〇年代以降市民運動や九条の会に参加してきた、全国津々浦々の市民の根こそぎの参加を招いた。

総がかりに加え広範な知識人、文化人をよびかけ人にしておこなわれた、一五年五月三日の横浜臨港パークでの集会は、総がかりのもっていた団体間共同と市民個人の自発的参加がもたらした最初の結果であった。そこには、さまざまな団体とともに市民が押しかけ、壇上では、今までみられたことのない光景、民主党、共産党、社民党代表が党を代表してあいさつし決意表明する事態が生まれたのである。

## 共同実現の要因―総がかりへ流れ込んだ二つの流れ

どうしてこんな共同ができたのであろうか。安倍政権が不退転の決意で強行しようとしている戦争法案への危機感があったことは言うまでもないが、筆者は、二つの流れが合流したからだと考える。

一つは、小泉政権下で強行された新自由主義改革による非正規雇用労働者の激増、貧困と格差の増大に対抗して連合系と全労連系、全労協系労組が取り組んだ共同の流れである。二〇〇八年一二月四日、連合系労組と全労連系、全労協系労組が共同し、派遣切りに反対し労働者派遣法の抜本改正をめざす大集会がもたれた。この共同の経験を通じて、年末には反貧困の社会運動「反貧困ネットワーク」とも連携して、「年越し派遣村」が実現した[6]。この流れは民主党政権の下で一時途絶えるが、三・一一の大震災と原発事故を機に、再び市民運動とも連携して共同の試みが復活した。

もう一つの流れは、改憲と自衛隊の海外派兵に反対する市民運動による共同の追求である。市民運動自身が連携することを求めて、一九九九年に憲法改悪に反対して全国各地の市民運動が結集して「許すな！憲法改悪・市民連絡会」がつくられたが、これが当初二〇〇の市民団体や労働組合を結集し、さまざまな共同の蝶番になる取り組みをはじめた。また、市民個人の参加するネットワーク型の新たな組織、九条の会が二〇〇四年に結成され急速に地域、分野に広がったことも共同の流れを強めた。市民個人の参加を基礎にした組織は、その後、三・一一の原発事故を機にした反原発の運動でも大きな広がりをみせた。

総がかりにはこうした共同の努力の二つの流れが合流したのである。

## 共同実現の三つの効果

総がかりの共同は、直接には三つの効果を生んだ。

第一は、総がかりの共同を基礎に、民主党、共産党、社民党、さらに生活の党を含めた政党間の共同、院内外での共同が生まれたことである。先ほど触れたように、民主党の結党以来共産党との持続的課題での共闘は成立したことはなかったばかりか、共産党と社民党の共同も長期の目標では実現しないという状況が打開された。これは安倍政権を追い詰める大きな力となった。今まで、国会内でも共闘ができなかったのが、質問や国会戦術でも共同ができ、安倍政権を追い詰め、しばしば委員会を中断に追い込んだ。何より総がかりの集会で、民主、共産、社民、さらに生活や維新の党の代表が並んであいさつする状況が「普通」になったことは市民を励まし、その参加の大きな梃子となった。

第二に、総がかりの共同は、さしあたり中央レベルの共同であったが、これが地域での多様な形での共同を生んだことである。いくつかの地域では中央の総がかりの共同に励まされ、弁護士のよびかけで、民主、共産、社民党の共同が実現した。

また、今まで共同に努力してきた分野、なかなか共同のできなかった分野での共同をも広げ、促進した。宗教分野では、キリスト教系、仏教系、さらに新興宗教を含めて各宗派の独自性を尊重しあいながら宗教者全国集会がもたれた。今までも共同を進めてきた法律家六団体の共同「六団体連絡会」が、専門家集団として政党間の共同の蝶番となり、またマスコミ関係者との懇談を通じて戦争法案の性格を解説した。

第三に、こうした共同がすすむ中で、共闘の文化とでも名づけるものが育った。今まで、自衛隊の海外派兵に反対する市民運動も党派や団体別におこなわれたため、互いに独自の「文化」と壁が厳然としてあった。互いに関心も強くなかった。共同の成立は、こうした運動にぎくしゃくしあいながら新しい文化を生んだ。

## 2　政治的立場、政策、思想の違い乗りこえる「平和」と「民主主義」の共同

二つ目の共同は、法案反対の一点で、「平和主義」の勢力と「立憲主義・民主主義」の勢力の共同が実現したことである。もちろん、この二つの力は互いに重なり合う部分を多くもっているが、平和の声に民主主義の声が合流しなければ、これだけ広い結集はなかった。

### 安保・自衛隊反対と安保・自衛隊は賛成だが、という勢力の共同

まず注目しなければならないのは、「平和」の立場からの戦争法反対勢力の中でも共同が実現したことである。

九〇年代以降の自衛隊の海外派兵に反対して立ち上がってきた政党、労働組合、市民運動の主力がもっていた思想は、安保条約に基づく米軍駐留、自衛隊は憲法九条の「武力によらない平和」の思想を蹂躙するもので認められない、日本の平和は、安保をなくし自衛隊を縮小解散する方向で、つまり「武力によらない平和」という形で実現する、というものであった。九条

の会のよびかけ人の多くも憲法学者の奥平康弘はじめ、こうした安保、自衛隊違憲の思想に立った人々であった。この立場の勢力を反対運動の第一潮流と呼ぶ。

しかし今度の戦争法案反対運動に立ち上がった人々の中には、こうした立場と異なり、安保や自衛隊は日本の安全には必要ではないかと考え、しかし、その自衛隊が、海外での戦争に加担することは許されないという立場から反対する勢力があったことが重要である。この後者の勢力は、憲法論的には、安保・自衛隊合憲論であるから、いわば政府が、一九五四年以来、違憲を唱える社会党や共産党などの野党の声に押されてつくり上げてきた解釈――自衛隊は自衛のための必要最小限度の実力だから合憲である、自衛隊は必要最小限度の実力であるから個別的自衛権の発動は許されるが集団的自衛権の発動許されない、としてきた解釈と同様の立場をとっている。この立場の人を第二潮流と呼んでおこう。この潮流には、先にふれた柳澤協二や、孫崎享などが入る。六月四日の憲法審査会で、与党自民党・公明党推薦で参考人となった長谷部恭男、民主党推薦の参考人小林節らの集団的自衛権行使容認、戦争法案＝違憲論は、この第二潮流の憲法論によるものであった。

今度の法案反対運動において戦争法案反対の論陣の広がりは、第一潮流と第二潮流が、安保や自衛隊に関する意見の違いは置いて、自衛隊の海外での戦争は許さない、という一点で合流した点にあったのである。

## 平和の声と民主主義、立憲主義擁護の声の合流

こうした「平和」の声の二つの流れの合流に加え、安倍政権がこうした憲法の解釈の大転換を一内閣の閣議決定でおこなったこと、さらに憲法上の手続をとらず、国会の多数でそれを強行しようとしたことに強い危機感と危惧をもって立ち上がった人々が合流した。彼らは、自衛隊が集団的自衛権行使を許されないという解釈は、確立した政府の憲法解釈であって、これをひっくり返すような大転換を一内閣の閣議でおこなうことはできない、また国会の多数で立法化したところで、違憲の法律は無効である、もし解釈を変更し集団的自衛権行使を容認させたいなら憲法九六条に基づく憲法改正手続でおこなえ、という立場に立つ。これを法案反対の第三潮流と呼んでおこう。政府解釈をつくってきた内閣法制局長官経験者や元最高裁長官らの戦争法案反対は、こうした立場からのものであった。第二潮流と第三潮流のメンバーは重なる部分が多く、また第二潮流の人々が今回声を上げたのは立憲主義への危機感であった。

先に書いた六月四日の憲法審査会での長谷部ら三人の憲法学者の発言も、第二潮流であると同時に、安倍政権による立憲主義の侵犯に対する強い危機感に裏打ちされた第三潮流からのものであったことは注目しなければならない。

## 3　批判的国民の根こそぎ決起と新たな階層、新たな組織の台頭

反対運動の未曾有の昂揚をつくった第二の要因は、国民的共同の動きに鼓舞されて、この間続けられてきたさまざまな運動――とくに労働組合や市民組織による自衛隊の海外派兵に反対する運動、九条の会の運動、そして反原発の運動――に共鳴したり一度でも参加した人々が根こそぎ立ち上がったこと、さらに今まで立ち上がらなかった新たな階層が新たな組織をつくって運動に立ち上がったことである。

### 大都市だけでなく、地域の立ち上がり

第一は、この十数年の取り組みを反映して、中央だけでなく全国の地域で広範な立ち上がりがみられたことである。

六〇年安保闘争では、中央の「安保条約改定阻止国民会議」の結成後、全国各地に二〇〇〇の共闘組織がつくられた。しかし安保闘争の主力は何といっても首都圏、大都市部に限られた。地域は、当時農村に対する補助金と公共事業を求めて自民党の金城湯池であった。安保闘争の昂揚から半年後におこなわれた六〇年一一月の総選挙では、自民党は三〇〇議席をとって圧勝したのである。

それに比して、戦争法案反対運動では地域の立ち上がりが注目された。八月三〇日の「国会前10万人、全国100万人大行動」には、全国で一〇〇〇カ所以上の取り組みがおこなわれた。東京も含めた、地域におけるこれまでの市民運動の積み重ねに、総がかりや政党間の共同が実現して、地域の人々の根こそぎの立ち上がりが生まれたのである。

こうした地域の立ち上がりをもたらした原因は大きく言って二つある。

一つは、安保闘争時に比べ、地域は、新自由主義改革によって疲弊し困難を抱え、自公政権に対する怒りを蓄積していたことである。小泉政権下で強行された三位一体改革や市町村合併により地域に対する財政支出は大幅に削減され、地場産業の崩壊で地域の衰退に拍車がかけられた。その後の民主党政権でも「地域主権戦略」の名の下にこの流れは加速された。安倍政権になってから「アベノミクス」第二の矢で地方に公共事業費がばらまかれたが、今や「地方再生」の名の下、本格的な地方切り捨てが始まっている。おまけに、TPP、原発再稼働で、地域は中央以上に安倍政権の新自由主義政治に対する反発を抱えている。

沖縄の辺野古新基地建設でも、原発再稼働でも、政府は地域の声を無視して中央の政策を強行している。戦争法案に対し、地方が立ち上がった背景には、こうした怒りと、新自由主義改革に対する反対の運動があったからだ。

地域の立ち上がりを支えた第二の要因は、九〇年代以降の全国の地域で積み重ねられた共同の運動の蓄積である。ここでは九条の会に注目してその点をみておきたい。

全国七五〇〇の会は、地域の名を冠した会だけでなく職場、分野の会も含めて、ほとんどが地域に根をはった活動で定着している。九条の会は長いところでは一〇年以上にわたり活動を続けているが、この取り組みが地域における反対の声の掘り起こし戦争法案反対運動への参加の貯水池となったのである。

とくに注目すべきは、九条の会が、戦争法案反対運動では地域での取り組みを重視したことである。安倍政権発足以来、九条の会は安倍政権の解釈改憲の動きに警鐘を鳴らし、集団的自衛権行使容認反対、さらに戦争法反対の行動を訴えてきた。九条の会は発足時以来出したことのなかったアピールを三回にわたり発表し、また全国の会に向けても、一三年五月以来四回にわたり事務局からの行動を提案した[7]。

とりわけ、戦争法案の国会提出を目前にした一五年五月一日、会は「事務局からの訴えと提案」を出して「全国津々浦々」での行動を呼びかけた。「七〇〇〇以上のすべての九条の会が立ち上がり、文字通り全国、津々浦々、自分たちの地域、分野で共同の行動を実現することを追求することです。」具体的には以下の七つの行動の提案をおこなった。①五月から八月までの山場月間を設定し、その期間には全国の会が必ず何らかの行動に取り組む。②地域のすべての住民を対象に宣伝、学習する。③安保法案の廃案を求める署名に取り組む。④地域・分野でできるだけ幅広い人たちと共同声明を出す。⑤地元選出の国会議員オルグ、地方議会で法案撤回を求める意見書を採択させる。⑥地域で開かれる集会には九条の会としてもできるだけ多数参加する。⑦会同士の交流をする。一言で言うと「地域に根ざして」、「共同を広げて」をめざす取り組みの提案である。

こうした提案を受けて、地域では全戸をめざした宣伝がさまざまな形でおこなわれた。一三年五月には宮城で大判のチラシ三〇万枚がまかれ、広島でもジャンボチラシが四〇万枚県下に配られた。

九条の会のイニシアティブで、地域の諸団体の共同組織がつくられた。たとえば練馬区では、練馬九条の会のイニシアティブで「安倍暴走ストップ練馬連絡会」が民主党、共産党、生活者ネットらが参加してつくられた。

また、地域の市民運動のイニシアティブで、地方議会で意見書や決議をあげる取り組みがいろいろな地域でおこなわれた。

こうした地域でのたたかいが、地方議会での大量の意見書を生んだ。毎日新聞によると、二〇一三年三月以降、集団的自衛権、戦争法に関連して四〇五議会が意見書を出したが、そのうち反対、慎重は三九三議会にのぼり、賛成・不明は一二に止まるという[8]。中央紙は、戦争法について真っ二つであるが、地方紙はそのほとんどが戦争法には反対、慎重である。

## 保守的な人々の立ち上がり

第二は、これまでの市民や労働組合また九条の会の運動が、今回の戦争法案の提出を機に、地域で今まで自民党支持層であった保守層の立ち上がりを生んだことである。これまでも、TPPについては、地元の農協や自民党議員と共闘したり、原発再稼働阻止でも地域保守層への働きかけがおこなわれた。地域の九条の会でも、よびかけ人には、憲法を擁護するという一致点で地元の名士が名を連ねた。筆者も国民的共同、良心的保守との共同を訴えてきたが、今回の戦争法案反対運動で、地域の保守層は確実に動きはじめたのである。

中央では、自民党や公明党議員の分裂は起こらなかった。安保闘争時の自民党と比べても、党内での造反は少なかった。この最大の原因は小選挙区制にある。自民党国会議員は、党の公認をとれなければ立候補すら覚束ない。安倍政権の掲げる戦争法案に反対の声が、もっぱら古賀誠、山崎拓などの引退組からのみ発せられ、現役国会議員層は全く押さえ込まれたのはこうした制度的要因が強い。

それに比して、自民党、保守系無所属の地方議員の動きははるかに活発であった。毎日新聞が意見書を出した地方議会に出したアンケートでは、三〇九議会から回答を得たが、そのうち戦争法に反対の意見書は一六九、慎重が一三六であり、賛成はわずか四に止まった。注目すべきはその先だ。これら反対、慎重の意見書を出した三〇五議会のうち、実に一一四議会で自公など与党議員が賛成にまわっている[9]ことである。中央の統制を蹴っての動きであった。

さらに広島県庄原市では、市選出の県会議員の呼びかけで、市議二〇人のうち一九人が集まって広く市民にも呼びかけ「ストップ・ザ安保法制庄原市民の会」をつくるなどの動きも出た。

## 学生―SEALDsの立ち上がり

第三は、九〇年代以来大きな立ち上がりをみせなかった学生、若者層がSEALDsという組織で立ち上がったことである。安保闘争では、学生運動は労働組合と並んで運動の大きな一翼を担っていた。しかし、九〇年代以降になると、学生たちが層として運動に参加することは少なくなった。全国各地の九条の会へ講演に行くと決まって出された質問は学生や若者はどこへ行ったのかという問いであった。もちろんさまざまな取り組みがあった。二〇〇四年の自衛隊イラク派兵反対闘争では、学生たちが組織をつくって立ち上がった。また九条の会では、学生たちが「PEACE NIGHT 9」をつくって多くの学生を結集した。さらに三・一一の原発事故のあとには、反原発の運動が大きく盛り上がった。秘密保護法反対の運動でも学生たちが立ち上がった。

戦争法案反対運動ではそうしたさまざまな取り組みをにらみながら、SEALDsという形の新たな組織、SNSで学生個人が参加する組織で立ち上がったのである。こうした学生の立ち上がりは、戦争法案反対運動の中で生まれ、広範な市民に大きな勇気と励ましを与えた。

## 女性の立ち上がり

六〇年安保闘争は、女子学生や母親大会、婦人民主クラブなど女性市民運動の参加を除けば、女性たちの参加は多くはなかった。労働運動でも男性正規従業員が主力であった。ところが企業社会に男性労働者がからめ取られた八〇年代以降、状況は変わりはじめ、とくに九〇年代以降の市民運動では女性の参加者が増加していった。

二〇〇四年に発足した各地の九条の会では、参加者のほぼ六割が女性であったことはそれを象徴している。

戦争法案反対運動では、女性たちは参加者の多くを占めたのみならず、女性という立場での新たな組織を立ち上げて立ち上がった。まず、共同の実現に呼応して、既存の女性運動団体、女性九条の会などの女性たちが、文字通り根こそぎ立ち上がった。さらに、六月二〇日の「国会ヒューマンチェーン　女の平和」やレッドアクション、ママの会のような新たな組織も生まれ、急速に根を広げた。

こうした女性たちの独自の声や根こそぎの立ち上がりは、戦争法をめぐる世論に顕著な刻印を押した。毎日新聞の七月一九日の調査では、戦争法案賛成は全体では二七％であったが、男性の三九％に対し、女性の賛成は一九％と二〇ポイントの差がついた。安倍政権支持についても、全体で三五％だが、男性が四三％に対し、女性は三〇％に止まった[10]。

## 弁護士会、日弁連、学者らの広範な立ち上がり

第五に、弁護士会や学者などの知識人層が層として、運動に参加したことも大きな特徴であった。

戦後日本で知識人が層として立ち上がった経験は、先にみたように、一九五二年のサンフランシスコ講和条約の締結時、吉田内閣の推進する片面講和、安保条約による米軍駐留、再軍備に対し、「全面講和、米軍駐留反対、再軍備反対、中立」を掲げて立ち上がったときである。平和問題談話会に結集して、自由主義的知識人まで広範な知識人が世代と思想を超えて立ち上がった。安保闘争の際にも、多くの知識人が立ち上がったが、知識人が、層として立ち上がったのは、安保闘争以来である。「学者の会」は一万四千名の署名を集め、全国一四二大学で有志の会が立ち上がった。

自由法曹団などに結集する弁護士たちは、従来から自衛隊派兵反対運動の大きな一翼を担ってきた。進歩的弁護士運動は、戦後日本の民主主義運動の特徴の一つともいえる。これら弁護士団体が党派を超えて、法律家六団体連絡会をつくり、共同の専門家集団として運動を支えた。

六団体連絡会は、法律専門家集団の立場から政党やマスコミに戦争法案の危険性や法的問題点を指摘し影響を与えた。

さらに、今回の反対運動では、そうした進歩的な弁護士集団に止まらず、地域の単位弁護士会、日弁連が積極的に法案反対運動に参加したことである。とくに地域の単位弁護士会は、地域における民主党、共産党を含めた共同のよびかけ人になって共同のイニシアティブをとっている。

こうした学者や弁護士たちの組織ぐるみでの立ち上がりの要因として、戦争法案が違憲性をもっていることが明らかであることに加え、今回の安倍政権の政治が立憲主義、民主主義を蹂躙していることへの危機感があると考えられる。

## 三　戦争法案反対運動の成果と課題

### 1　戦争法案反対運動の到達点—何を切り拓いたか、三つの打撃、三つの確信

戦争法案は、こうした安保以来の運動の反対にもかかわらず強行されてしまった。しかし、

法案反対運動は、決して無に帰したわけではない。反対運動は、安倍政権の戦争法施行、大国政治に大きな打撃を与え、運動に大きな確信を与えた。

### 三つの打撃

戦争法案反対運動は安倍政権に三つの打撃を与えた。第一は、反対運動、とりわけ議会内での政党の共同に基づく質疑での追及は、答弁を通じて戦争法案の危険な狙いを系統的に暴露しただけでなく、法案を通過させるために政権にさまざまな不利な発言を強い、戦争法発動を阻止する運動に大きな武器を提供させたことである。

第二に、反対運動は安倍政権がアメリカの戦争への加担体制づくりとして戦争法と並んで強行している辺野古新基地建設強行に少なからぬ困難をもたらしたことだ。

第三は、戦争法案反対運動が「戦争する国」づくりへの不安を広範な国民の中に浸透させた結果、安倍政権が大国化の完成のために実現をめざす明文改憲がきわめて困難になる状況を作り出したことである。

もともと安倍政権は、九条に手をつける改憲が自衛隊を「普通の国」の軍隊として自由に戦争に加担させるもっともストレートな手段であることを知りながら、それに対する国民の反発を十分自覚して、解釈改憲路線を選択した。しかし、明文改憲を実現しなければ自衛隊の軍隊化は完成しない。解釈改憲である限り絶えず大きな制約を免れないからだ。そこで、安倍政権は明文改憲をもねらった。迂回的改憲によってである。第二次安倍政権が明文改憲で最初にめざしたのは、憲法九六条を改正して、衆参両院の過半数の賛成で改憲案を発議できるようにするやり方であったが、これは立憲主義擁護の声に阻まれ、あっけなく放棄された。そのため、安倍政権が次に模索したのが、二段階改憲論とでも言うべきもので、最初に国会で三分の二の多数を獲得できそうな、新しい人権などの改正を実現し、国民を改憲に慣らしたうえで、九条の本丸改憲に手をつけるというやり方である。この場合、安倍首相自身は、九条改憲を自らおこなうことができないため、改憲を最初に実行した首相としての「名声」に止まるがいずれにしても、こうした方法を使わない限り、改憲はできないと踏んでいた。そのため、安倍自民党は、民主党などに働きかけて憲法審査会での審議の加速化をはかってきたのである。

安倍のもくろみは、集団的自衛権など緊急のものはひとまず解釈＝立法改憲でけりを付け、二〇一六年の参院選後に自民党の勝利、維新の党などの改憲政党の躍進を踏まえて改憲案の発議をねらうものであった。改憲で「自衛権」を明記することにより、再び戦争法等を改悪して集団的自衛権の全面容認を勝ち取ろうというものであった。

ところが、戦争法案反対運動はこの目算を大きく狂わせた。維新の党をまるごと改憲派として抱え込むことが難しくなったばかりか、少なくとも第一段階の改憲の時には味方に付けておきたい民主党まで、戦争法阻止で「敵側」に追いやってしまったからである。おまけに、憲法審査会で三人の学者の違憲発言を引き出してしまったために、その後自民党は憲法審査会の開催にも躊躇せざるを得なくなった。参院選では、参院での三分の二の改憲多数派形成どころか、勝利すら危うくなってきたのである。

もちろん明文改憲は安倍の宿願であるから、今後運動が少しでも下火になるようなら、安倍首相はただちに明文改憲の実行に舵を切ることは間違いないが、現時点では、少なくとも一六年参院選までは改憲を背後に隠さざるをえなくなっている。

## 三つの確信

反対運動は、運動側に三つの成果、確信を与えた。

第一の成果は、総がかりによる共同の組織と、政党間共闘の経験である。また、全国の地域で、総がかりや政党間の共同をにらみ、多様な共闘の組織がつくられた。これこそが、戦争法案反対運動のもっとも大きな宝である。

第二の成果は、総がかりに参加している各実行委員会の運動団体や九条の会が改めて自分たちの運動に確信を持ったことに加え、戦争法案反対運動で立ち上がったＳＥＡＬＤｓやママの会、学者の会など新たな階層の運動が定着したことである。

第三の成果は、運動を通じて、安倍政権の「戦争する国」づくりをストップさせるには、政治を変えることが不可欠であることが大衆的な確信となったことである。運動は、衆参両院、とりわけ衆院では与党の圧倒的多数の議席の下でたたかわれ、一時的に安倍政権を危機に追い詰めた。しかし、これだけの声にもかかわらず法案が強行されたことは、法律を廃止するには戦争法に反対する議会勢力を多数にすることをおいてないことを自覚させた。

共産党が法案の強行された一九日に、戦争法廃止のための「国民連合政府」構想を打ち出したことは、こうした政治を変える必要性をいち早く方針として提案したものであった。

## 2 戦争法案反対運動が提起した課題と運動の問題点

運動は大きな成果をもたらしたものの、法案の阻止には至らなかった。法案反対運動は安倍政権を追い込み支持率を三〇%代前半まで落としたが、支持率を二〇%台まで落とせず政権を退陣に追い込むまでには至らなかった。法案反対運動は法の廃止のための多数派をつくり政治を転換させるためにはまだ大きな課題があることを示したのである。法案反対運動は今後に向け、さしあたり三つの課題を提起した。

## 戦争法反対の人々にもっと広く声をあげさせること

第一の課題は、戦争法の危険性を改めて訴え戦争法に不安を抱いているさらに広範な人々に声をあげてもらうという課題である。

戦争法案反対運動はたしかに安保以来の昂揚をみせた。八月三〇日の国会前一二万人、全国一〇〇〇カ所所行動がその最大値であった。しかし、強行採決後の新聞、たとえば読売新聞の世論調査[11]で見ても、「安全保障関連法」の成立を評価しない人は五八％、政府の説明が不十分と答えた人は八二％に上る。ということは、運動に立ち上がり声をあげた人は、そのほんの一部にとどまるのである。ちなみに、産経・FNNの世論調査[12]によると、戦争法案反対集会に参加した経験がある人は三・四％、今後参加したい人は一八・三％であった。その意味では、今回の運動は戦争法廃止に向けては第一歩を踏み出したに止まる点をみておかねばならない。

## 戦争法廃止運動と辺野古新基地建設阻止運動の有機的連携

第二の課題は、戦争法廃止のたたかいと沖縄辺野古新基地建設阻止のたたかいを有機的に連携し、新基地建設を阻止することである。法案反対運動の昂揚は部分的に辺野古と連携し辺野古新基地建設を遅らせた。戦争法案反対運動が八月一一日からの辺野古埋め立て工事の一カ月中断を余儀なくさせたことがそれである。

しかし、戦争法案反対運動と辺野古新基地建設阻止のたたかいが有機的に結びつきたたかいを盛り上げるまでには行かなかった。本来、戦争法も辺野古基地建設もアメリカが世界的規模でおこなう戦争体制づくり、アメリカの戦争の肩代わりという点では一体の課題である。現に総がかりは結成当初から戦争法案反対と辺野古新基地建設阻止を一体の課題として掲げてきたし、また戦争法案反対とは別に辺野古新基地建設反対でも集会をもった。

しかし、戦争法案反対で一致した政党でも辺野古新基地建設反対では一致を見ていない。民主党は、二〇〇八年以来普天間基地の国外移転、最低でも県外移転を掲げていたにもかかわらず、鳩山政権の末期には、辺野古への移転を容認し、後の菅政権、野田政権もその方針を踏襲したこともあって、新基地建設阻止では一致できない。維新の党も同様である。

運動の役割が決定的に重要である。オール沖縄と連帯して本土でどれだけ広いたたかいをつくれるかが大きな課題である。

## 新自由主義改革、原発再稼働、社会保障解体攻撃反対運動との合流

戦争法廃止の運動の課題の三番目は、戦争法廃止のたたかいを新自由主義改革反対の運動と結合して安倍を追い詰めるという課題である。

「戦争する国」づくりと新自由主義改革は安倍政権のめざす大国化の二つの柱である。現に

今国会でも、政府は一方で戦争法の強行をはかりながら、同時に労働者派遣法の改悪、国民皆保険体制を解体に追いこむ医療制度改革などを強行した。また、大企業の大もうけの市場である原発輸出を念頭に置いて原発再稼働を強行し、地域の地場産業に壊滅的打撃を与えることをいとわずＴＰＰ締結を推進した。

しかし、戦争法案反対運動と労働者派遣法改悪など新自由主義改革に反対する運動が呼応し合って安倍政権を追い詰めるまでには行かなかった。同じく、戦争法反対と原発再稼働反対の運動との連携もこれからの課題だ。

この二つの課題で安倍政権を追い詰めることは、この課題を自らの問題としている労働組合運動の責務でもある。

## 四　安倍政権の今後と「戦争する国」づくり阻止の展望

### 1　いかに早く安倍政権を倒すかで、「戦争する国」づくりは阻める

#### 安倍政権退陣と政治の転換

戦争法の廃止、辺野古新基地阻止、明文改憲の断念により戦後の転換を阻むには一刻も早い安倍政権の打倒が不可欠である。いかに早く安倍政権を退陣に追い込むかで、「戦争する国」づくりは阻むことができる。

安倍政権を倒すことができれば、谷垣であれ石破であれ、次の内閣は、辺野古の強行を続けることは難しい、まただれがなろうと明文改憲の動きは頓挫するであろう。

さらに安倍政権の退陣が、新たな連合政権成立に結実すれば、戦争法の廃止、普天間基地をはじめとする基地問題解決への一歩を踏み出すことができる。

## 国民連合政府構想の提起の画期性と論点

先に一言触れたように、安倍政権が戦争法の採決を強行した九月一九日、共産党は戦争法廃止、立憲主義擁護の一点で団体個人が共同し「国民連合政府」の樹立を提唱した。これはいくつかの点で注目される。

第一に、この提起は、戦争法案反対運動のただ中から登場した、という点で、この間の運動の到達点を反映した提起であるという点だ。総がかりの共同からさまざまな戦術面にいたる政党間共闘の産物である。この間の政党間の共闘の中でつくられた信頼、先の言葉で言えば「共闘の文化」を踏まえて打ち出されたため、他党や団体が正面から受け止める状況がつくられている。

第二に、この提起の時期は二つの意味で適切であったと思われる。

一つは、戦争法強行直後間髪を入れず出したため、その後の政治状況の方向付けに大きな影響を与えることができた点だ。戦争法制定を待って、維新の党がリーダーシップをとって、維新―民主を中心として生活、社民をも巻き込む野党再編、新党づくりの動きがスタートするはずであった。戦争法案反対運動の時には力を発揮できなかった民主党内の政界再編派も成立を待っていた。ところが共産党が、民主、共産、社民、生活に維新も加えての国民連合政府構想を打ち出したため、今後の政治をめぐる二つの道が、国民の前に提示された。

二つ目は、この提起は、広範な運動参加者の期待に応え、戦争法廃止へ向けての政治的展望を与えたことである。戦争法の強行を踏まえて、その廃止へ向けさまざまな運動が模索されているが、その実現のためには政治を変えねばならないという方針を打ち出したことは、運動の方向を考えるうえで大きな意義があった。

### 国民連合政府の性格

この提起で注目すべき第三点は、この政権の過渡的性格、あるいは救国政権的性格である。

この政権構想は、第一に戦争法案反対運動の共同的性格を受けて、安保条約や地位協定の廃止・

見直しにはふれていない。第二に、それだけでなく、戦争法と同じく国民的課題になっている辺野古新基地建設阻止も、原発再稼働反対も、提案には入っていない。

これは、戦争法案反対運動が安保条約や自衛隊の活動を認めている勢力と安保や自衛隊に反対している勢力が戦争法廃止の一点で共闘するものであったことを受けており、また戦争法案反対運動の中でつくられた政党間の共同では、未だ辺野古や原発、憲法では大きな意見の違いを残していることを踏まえた連合政府構想だからである。戦争法の如何が日本の進路を左右するという課題の緊急性と運動の到達水準を踏まえ、大異を残して大同につくという性格を持っているのである。

かといって、戦争法廃止という政治課題は巨大なものであり、その点で一致する確固たる連合政権なくしてはとうてい実現できない課題であることも見逃せない。戦争法廃止と一言で言うが、戦争法は安保体制をアメリカの戦争に全面的に加担するための軍事的制度的大改変をおこなうものである。同時に、戦争法は一五年ガイドラインの実行をはかるものである。それだけに、戦争法廃止は、日米同盟強化の動きに大きな打撃を与えるものであり、当然アメリカ政府の強い干渉、介入を不可避とする。

政権を握った政党連合は、アメリカ政府に対しては、一五年ガイドラインは実行できなくなったことを通告すればすむ。しかし、すでにその時点では、一五年ガイドラインに基づき、戦争法成立を踏まえて、日米間では「同盟調整メカニズム」＝日米共同司令部が設置され可動しはじめており、さらに、「共同計画策定メカニズム」を通じて共同計画も策定されている。政府はその廃棄・見直しの協議をおこなわねばならない。また戦争法実施のために自衛隊の装備も編成も大きく改変されているからその再改革に着手しなければならない。アメリカとの協議一つとっても、フィリピンのアキノ政権下での米軍基地撤去交渉や近くは鳩山政権下での普天間基地移転をめぐる協議で明らかなように、アメリカは強い圧力と恫喝をかけてくることは必定であり、それを跳ね返す国民の強い支持と合意、それに戦争法をあくまで元に戻すという連合政府の強い決意がなければとうてい実行できない。

第四に注目すべき点は、共産党の提起する国民連合政府、それをめざす選挙協力、そもそも戦争法に反対した諸政治勢力の間での戦争法廃止の合意を実現するには、それを支持する大きな運動が不可欠であるという点だ。

戦争法反対の総がかり、ＳＥＡＬＤｓなど国会の外での大きな運動が政党間での共同をつくり強化したことからわかるように、今後戦争法廃止で政治勢力が共同をつくるには、戦争法案反対運動をさらに上回る大きな運動がなければできるものではない。

## 2　参院選へ向けての安倍政権の反撃と狙い

運動は安倍首相を退陣に追い込むことはできなかったが、安倍政権は、戦争法案の強行で大きな痛手を被った。しかし、安倍首相は総裁選無投票当選で三年の任期を得て、一〇月七日には第三次改造内閣を発足させ、反撃に出ようとしている。安倍政権は生き延びた。

### アメリカの威を借りた大国への野望

安倍政権が、アメリカが強く要求し続けながら歴代政権ができなかった戦争法の強行に全精力を注ぎ込んだ理由は、安倍首相が、歴代首相があえて目標としなかった野望、すなわち戦後日本を中国やロシアと対峙できる大国にしたいという野望の持ち主である点にあったことはすでに第一章で述べた。このような野望をもつが故に、安倍政権は、アメリカの戦争に積極的に加担し自由に軍隊を動かせる戦争法を自らの課題として「率先」実行しようという意欲を持ったのである。

### 安倍大国化政治の第一の柱

そうした安倍政権の大国化志向から、安倍政権は三本の柱に基づく政治を追求してきたこともすでに指摘した。

第一の柱は言うまでもなく、アメリカの戦争・介入に全面的に加担する戦争する国づくりであり、この中心に戦争法案が座っていたことは言うまでもない。大国になるためには、アメリカを盟主とする大国連合がおこなう自由な市場秩序維持のための戦争、介入——シリアの内戦、ＩＳの跳梁の抑止、さらにはウクライナへのロシアの侵攻への対処、南シナ海での中国の動きへの牽制などなど——に日本が加わることで、大国としての存在を認めてもらうことが不可欠であった。そのためには、アメリカの要請に応え、自衛隊を海外での戦争や武力行使あるいは後方支援に自由に使えるよう、それを妨げている憲法上の制約の打破をはじめとする諸施策を遂行しなければならなかったからだ。

同時に、その延長線上で、安倍政権は、辺野古新基地建設を、大国化の柱と位置づけて強行しようとした。

### 第二の柱―新自由主義改革

第二の柱は、大国化の土台と位置づけられる「強い経済」づくり、つまり新自由主義改革である。この強い経済づくりのために安倍政権がめざしたのは、まず、小泉政権期までの新自由主義の強行によって貧困や格差など矛盾が顕在化し中断を余儀なくされていた新自由主義改革の再稼働であった。安倍政権は「アベノミクス」を掲げ、一方では湯水のような公共事業の撒布で、構造改革で痛んだ地方に、一時的に財政をばらまいて支持の再建を図ると同時に、アベノミクス第三の矢で新自由主義改革の再起動に本格的に取り組んだ。

今度の通常国会は戦争法に焦点があてられたが、同時に、労働者派遣法大改悪や国民皆保険体制を壊そうという医療制度改革法も提出され制定が強行されていたことはそれを象徴している。

この第二の柱の注目すべき特徴は、安倍政権が、たんに新自由主義改革を再稼働させるだけでなく、それをさらに新たな段階に引き上げようとしている点である。この新たな段階の新自由主義は、第一段階の新自由主義と対比して、後期新自由主義と呼んでおくが、安倍政権は、こうした後期新自由主義政策を本格的に遂行しようとしている。

第一段階の新自由主義は、日本では、小泉政権期に強行された。そこでは、大企業の競争力を阻害していた負担や障害物、とくに法人税負担やさまざまな規制――自民党の利益誘導型政治のなかでつくられた中小企業や地方の地場産業に対するさまざまな保護や大企業の活動に対する制約――を撤廃するという点に重点が置かれた。

それに対し新自由主義の第二段階、後期新自由主義の特徴の第一は、大企業の競争力強化をめざし大企業の負担軽減、規制緩和を、改めて抜本的に仕掛けようとしていることだ。労働者派遣法の改悪や労働基準法改悪にみられるように、労働力の流動化を徹底しようというのがその例である。

第二の特徴――これが後期新自由主義の最大の特徴であるが――は、安倍政権の政策が負担軽減のみならず、国家の支援により大企業の競争力強化に不可欠の先端科学技術の開発をおこなったり、国家が大企業の市場を創出したり、大企業の競争力強化を直接支援する施策を展開していることである。グローバル企業に不可欠の先端科学研究に大量の予算を投じ、大学をより効果的に産業に役立てようとしてすすめられている大学改革などはその典型である。

また国家が直接乗りだして、すでに利潤をため込んでいるグローバル企業の新たなもうけ先――市場の拡大、創出に力を入れていることも大きな特徴である。大企業の「自由な」世界市場づくりのために地域経済や地場産業の淘汰をいとわないTPPへの執念はその象徴である。

また、安倍政権が原発の輸出に力を入れているのも、原発がグローバル企業にとって旨みの大きい市場だからである。安倍首相は政権発足以来、「地球儀俯瞰外交」を掲げて、精力的にアジア、中東をはじめ世界各国を歴訪した。今までの首相の訪問記録は小泉首相の四六カ国であったが、安倍首相はそれを上回り、一五年一一月には、訪問国は六〇カ国を超えた。安倍首相は、その歴訪に一〇〇人以上の財界人を引き連れ、インフラ、とりわけ原発の売り込みに精を出している。そこでは、「世界一安全な原発」というふれこみで日本の原発の安全性を強調しその理由に「フクシマのノウハウ」をあげている。こうした原発売り込みの最大の弱点は、「世界一安全な原発」が国内では一機も稼働していないことである。

安倍政権が原発再稼働に異常な執念を燃やしこの八月、戦争法案の審議中であるにもかかわらず川内原発1号機の再稼働に踏み切ったのは、それが戦争法と並ぶ安倍政治の柱だからだ。

## 第三の柱――国民意識の改造

そして第三の柱が、大国を支える国民意識の醸成である。本書の冒頭で見たように、戦後七〇年における各種の世論調査をみても、日本の国民の多くが、戦後日本が再び戦争をしない国として、平和国家として成り立ってきたことを支持し、憲法九条に対する支持も大きい。そういう国民意識の下では軍事大国化を支える国民などつくれない。

安倍首相が、総裁選立候補前から、村山談話、河野官房長官談話に代わる新談話を出すことに執念を燃やし、七〇年談話では何としても「侵略」「植民地支配」、お詫びを抜きにすることにこだわったのは、大国化支持の国民意識形成への執念からであった。

## 安倍大国化政治三本柱の手直しと強行

戦争法案反対運動の昂揚は、しかし、安倍の大国化政治の三本柱の実行に大きな痛手を与えた。そこで政権は、この三本柱を手直しして再度強行しようとしている。

第一の柱で安倍がねらうのは、ガイドラインと戦争法の実行である。だが、反対運動によって国民の戦争法に対する批判の声は収まっていないので、戦争法の本命である、アメリカの戦争・介入への後方支援を口実とした参加、派兵は、アメリカの要請がいかに強くともできない。

そこで安倍政権がねらうのは、第一に、戦争法成立とともに具体化することをめざしていた日米の共同作戦体制づくり――具体的には日米の「同盟調整メカニズム」の設置、日米共同計画の策定である。一一月三日、中谷防衛相とカーター国防長官の会談で、「同盟調整メカニズム」の常設化が合意された。外務、国務省幹部が協議する「同盟調整グループ」、統合幕僚監部と太平洋軍司令部、在日米軍司令部代表が担う「共同運用調整所」、さらに三軍毎の「各自衛隊及び米軍各軍間の調整所」の三つのレベルの組織の設置が決まったのである。

また、これと並行して、自衛隊の装備・編成の米軍との共同作戦用への強化も一六年度防衛予算の中で具体化することもねらわれている。

こうした動きは、戦争法がめざすアメリカの戦争への世界各地での加担、平時における日米共同監視行動を実行する体制づくりにほかならない。

第二に、戦争法の実行を国民の反撃の弱そうな部分から実行することがねらわれている。ひとつは、南シナ海を含めた共同訓練、共同監視活動である。中国の南シナ海での人工島建設に対抗して米軍のイージス艦が南シナ海を航行したが、一一月三日、中谷防衛相は、このアメリカの行動に支持を表明し、共同訓練をおこなうことも明言した。中国の行動を恰好の口実にして、先に、第二章で指摘した戦争法の第三のねらいである平時におけるアジア・太平洋地域での日米の共同監視行動・軍事行動とそのための米軍防護の武器使用の解禁がめざされているのである。

また、ＰＫＯ、南スーダンＰＫＯで「駆け付け警護」それに伴う「任務遂行型」武器使用の追加という形で、戦争法を発動することもねらわれている。

そして第三にねらうのが、辺野古基地建設強行である。翁長知事の埋め立て許可取り消しによって政府は大きな困難に直面したが、安倍は不退転の決意で強行しようとしている。しかし辺野古新基地建設は、戦争法での国民の反発を消したい安倍政権の大きな弱点である。戦争法に次いで、辺野古でも住民の意思を踏みにじって基地建設を強行すれば、参院選において安倍政権が怖れている国民の反発と懸念に再び火を付けかねないからだ。

## 明文改憲への執念

安倍首相は大国化のための戦争する国づくりの完成、すなわち憲法の改正にも異常な執念を燃やしている。戦争法案反対運動の昂揚で、今はそれどころではないと判断しているものの、参院選の結果次第では、明文改憲に向けて挑戦することをあきらめてはいない。

### 重点としての新自由主義改革

しかし、第一の柱を完成させるためにも、安倍政権が当面集中して攻勢をかけてくるのは、大国化の第二の柱――新自由主義改革の強行である。

安倍政権は改造後、新「三本の矢」を発表した。この新三本の矢は、第二次安倍政権発足時の三本の矢に比べると、明らかに拙速で十分な準備もなく出されたことが明らかである。

そこに見られるように、新三本の矢の第一のねらいは、戦争法強行に対する国民の怒りをそらすことであることは明らかだ。しかしそれだけではない。もう一つは、グローバル企業の競争力強化の新自由主義改革の本格発動への決意表明の意味もある。第一の柱が一段落したと見て、第二の柱に本格的に取り組むことで財界の支持も再度強化しようという意図である。

安倍首相が、内閣改造直後の一〇月一一日、「平成二八年度与党税制改正大綱」で、法人税を平成二九年度までに二〇％台に引き下げると発表したことは、こうした新自由主義改革への回帰の決意表明であった。

それに加えて、安倍政権が重点に置いたのがＴＰＰである。ＴＰＰ、原発輸出、そして大学改革によるグローバル企業に役立つ先端科学技術開発など、大企業を直接支援し、その市場づくりが安倍政権の新自由主義改革の重点となる。

## 3　戦争法廃止、新たな政治へ向けての運動の課題

最後に、戦争法廃止、戦争する国づくり阻止のための運動の課題と責務に触れておこう。三つの課題がある。

### 戦争法廃止、辺野古新基地建設阻止の大衆運動

第一の課題は、戦争法廃止、辺野古新基地建設阻止に向けて、より広い層を結集した大衆運動を起こしていくという課題である。

たしかに、戦争法反対の運動は安保以来の大きな運動となり、安倍政権を震撼させた。しかし先に述べたように、戦争法案反対の国民は六割近くにのぼるが、立ち上がったのはほんの一握りにすぎない、第一歩が踏み出されたにすぎないことを肝に銘じる必要がある。

戦争法廃止のための共同づくりのためには、戦争法廃止をめざす労働運動や市民運動が大衆運動によって、政党を励まし支えねばならない。新自由主義の是正を掲げて登場した民主党政権、とりわけ普天間基地の国外、県外移転を掲げて苦闘した鳩山政権の挫折から学ぶ教訓は、

国民が観客になってはならないということであった。

総がかりは、戦争法廃止のための二〇〇〇万署名を提起しているが、これは、六割の沈黙を声にする大きな手だてであると同時に、参院選に向けて政党が政界再編、新党構想に血道を上げることに対し政党の責任を改めて自覚させるもっとも大きな圧力となる。

また、とくに重視すべきは、辺野古新基地阻止のたたかいを本土のたたかいにすることである。辺野古新基地建設阻止は「オール沖縄」のたたかいになった。これを「オールジャパンのたたかい」にすることは生やさしいことではない。

### 運動がつくった共同を守り発展させる

第二の課題は、総がかりの共同を瞳のように大切に守り、共同を強化する課題だ。同時に、戦争法案反対運動の中でつくられた、地域における共同を恒常化し、強化するために労働組合や市民運動がイニシアティブをとることである。

総がかりは中央レベルの共同である。地域でも総がかりができているところもあるが、その地域の性格と課題に応じて、地域別に多様な共同がつくられている。さしあたり戦争法案反対でつくられた共同を戦争法阻止、憲法擁護、辺野古新基地建設などの課題を掲げた恒常的共闘組織に発展させることが焦眉の課題である。

## 戦争する国づくり阻止と新自由主義改革反対の運動を両翼で

第三の課題は、戦争する国づくりを阻むたたかいと、安倍政権が力を入れる新自由主義改革課題――労働基準法改悪、TPP、社会保障解体、原発再稼働阻止のたたかいを両翼ですすめるということだ。この課題を取り組む上では、労働組合運動のイニシアティヴがとりわけて重要である。

【注】

1　朝日新聞政治部取材班『安倍内閣の裏の顔』講談社、二〇一五年。
2　毎日新聞、七月一九日付け。
3　文科省告示「義務教育諸学校教科用図書検定基準」「高等学校教科用図書検定基準」二〇一四年一月一七日改正。
4　赤坂太郎「無念の安倍談話、結着の舞台裏」『文藝春秋』二〇一五年一〇月号。
5　渡辺治「安保闘争の戦後保守政治への刻印」『歴史評論』七二三号、二〇一〇年七月所収。
6　宇都宮健児、湯浅誠編『派遣村』岩波書店、二〇〇九年。
7　以下の九条の会の行動については、九条の会事務局ニュース「九条の会」各号による。
8　毎日新聞、七月一五日付け。
9　毎日新聞、七月一五日付。
10　毎日新聞、七月一九日付。
11　読売新聞、九月二一日付け。
12　産経新聞、九月一五日付け。

# 終章　戦後史における二重の画期

（二〇一五年九月稿）

## 一　戦争法がもたらす二重の画期

戦後七〇年を迎えた今年、安倍政権が国会に提出した戦争法案によって、日本は最大の岐路に立った。戦争法案がねらうのは、日本が、アメリカの戦争・介入に武力行使を含めて全面的に加担する体制づくりであった。

### 1　戦後日米安保体制の徹底

戦後日本は、安保体制の下で沖縄をはじめ全土に米軍基地を展開し、自衛隊も含めアメリカの侵略戦争にさまざまな形で加担してきたが、それにもかかわらず、「二度と戦争の惨禍はごめんだ」という国民意識と平和運動の力により、アメリカの戦争に自衛隊が武力で加担することだけは許さないできた。その結果、戦後日本は七〇年の間海外に軍隊を出さず戦渦に巻き込まれたこともなかった。戦争法はほかでもなくこの点を転換させようとはかっているのである。安倍政権の手で、文字通り戦後の安全保障体制の大転換がめざされている。

しかし、同時に戦争法はもう一つの側面をもっていることに注目しなければならない。戦争法は、講和と安保条約により強制された安保体制がめざした対米従属下の日米同盟の延長であり徹底でもあるという点である。その意味では、戦後安保体制の「大転換」とは、安保体制の本来の転換すなわち安保体制の廃棄ではなく、戦後の対米従属体制の延長の現代的な形態にすぎないと言える。この意味で、戦争法は、戦後史に二重の画期をもたらすものと言える。

## 戦後安保体制の三つの時期

第一は、戦争法が、講和と安保条約締結以来の対米従属体制を徹底、完成させるという画期である。

歴史的にみると、戦後安保体制の第一期、つまり一九五二年の講和と旧安保の発効以後、アメリカは日本を米軍の極東戦略の拠点に設定した。この旧安保条約は、アジアに張り巡らされた反共軍事同盟条約の一つであり——五二年に米比相互防衛条約、ANZUS(太平洋安全保障条約）が結ばれた――、沖縄全面支配とともにそのカナメとなったのである。アメリカは同時に憲法改悪により再軍備とアメリカの戦争への全面加担も要求した。しかしこの旧安保体制は、その強い不平等性も相俟って、強い米軍基地反対闘争や憲法改悪反対闘争に直面し安定しなかった。そこで安保条約を手直しし本来の軍事同盟条約に強化すべく岸政権は安保条約の改定に乗り出すことになったのである。

**安保改定**の狙いの第一は、条約第六条で、米軍の「極東における国際の平和及び安全の維持」のための活動を改めて保障し、また第五条で、日本におけるいずれか一方に対する攻撃があった場合、米軍が出動する義務を規定することで、アメリカが日本の米軍基地を安定して自由に使用する体制をつくることであった。

もう一つは、自衛隊をアメリカの戦争に加担させる、軍事同盟的な側面を強化する狙いであった。しかしこの狙いは、再び戦争に巻き込まれることに反対する国民の声、安保改定反対闘争によって、大きな制約を受けた。安保反対闘争の昂揚に恐れをなした自民党政権とアメリカは、軍事同盟的な側面はひとまず後景において、アメリカの戦争のための基地の自由な使用の確保に重点を置かざるを得なかったのである。

安保闘争の後、第二期が始まった。六〇年代から八〇年代一杯の第二期では、日本はアメリカの極東戦略とアジアにおける戦争の基地としてフルに活用されることとなった。

ベトナム侵略戦争は日本と沖縄の全面支配なくしてはとうてい遂行できなかった。七二年に沖縄返還がおこなわれたが、米軍の基地機能は断固として維持されたのである。

たんに基地使用だけでなく、七五年にベトナム侵略戦争が破綻した後、アメリカは、安保改定の第二の狙いである軍事同盟的側面の強化、自衛隊の米軍の活動への肩代わり・加担を求めてきた。

七八年ガイドライン（日米防衛協力指針）が、日本防衛の日米共同行動の具体化と同時に、「極東の平和と安全の維持のための米軍の行動に」日本が加担することの検討、日米共同作戦体制の検討を謳ったのは、こうしたアメリカの要求に基づくものであった。

しかし、当時の強い反対運動のもとで、米軍の手足として自衛隊をアメリカの戦争に加担させる試みは、第二期には実現しなかったのである。

## アメリカの戦争への加担

ところが九〇年代以降、第三期に入り、大きく事態は転換する。ソ連の崩壊、いわゆる冷戦終焉の下でアメリカは世界の自由市場秩序の盟主となり、「世界の憲兵」として自由市場秩序の維持と拡大にのぞむ新たな戦略を立てた。そのなかで日本に対しても、基地貸与にとどまらずに、自衛隊による人的加担を強く求めるようになった。湾岸戦争（九〇〜九一年）がその契機となった。

どうしてアメリカがこの時期に、安保条約の「従属的軍事同盟体制化」に大きく踏み出したのか。

一つの理由は、冷戦期と違って、「世界の憲兵」としてのアメリカが、イラクやアフガニスタン、北朝鮮など、世界の「ならず者国家」に対して、武力でこれを倒すという戦略に変わったことである。そのために自衛隊やＮＡＴＯ（北大西洋条約機構）の人的加担が積極的に求められるようになったのである。

二つめの理由は、日本独占資本の多国籍企業化のなかで日本がアメリカを脅かす力をもつに至ったため、日本に対しても世界における市場維持の分担をするべきだ、ただ乗りは許さないという声が強くなったことである。

しかし日本政府は、アメリカの圧力に応ずることはできなかった。すでに見たように、憲法と政府解釈が、立ちはだかったからである。そこで、以後政府は、自衛隊に課せられた制約を打破してアメリカの戦争に直接加担するための努力を強いられることとなったのである。

アメリカの要請に応えて、自民党政権は、一九九七年には「新ガイドライン」を結び、周辺事態法（一九九九年）、テロ対策特別措置法（二〇〇一年）、イラク特別措置法（二〇〇三年）によって自衛隊の海外派兵態勢を整備し、九・一一事件のあと、ついに、自衛隊をインド洋海域さらにイラクに派兵したのである。

自衛隊のイラク派兵は、まぎれもなくアメリカの戦争への自衛隊の加担であったが、憲法九条と政府解釈の下で、依然として武力行使はできないという大きな制約があった。明文改憲によってこの限界の突破をめざしたのが、二〇〇六年に成立した第一次安倍政権であったが、この明文改憲の試みは、九条の会をはじめとした大きな国民運動によって挫折を余儀なくされてしまう。

それどころか民主党政権ができて、自衛隊の海外派兵態勢そのものの進行が停滞を余儀なくされるに至った。日米同盟強化の停滞が起こった。そこで、長年にわたる制約打破をめざしたのが、第二次安倍政権による集団的自衛権行使容認の閣議決定であり、戦争法案であった。

そういう文脈でいうと、戦争法は、対米従属体制の下での日米軍事同盟強化の徹底、完成という側面をもっているのである。

## 2　海外での武力行使容認へ――「戦後」体制の大転換

しかし、戦争法は、国民の側からみると、戦後七〇年にわたり堅持してきた、海外で戦争しないという国是を壊す大転換でもある。

先にふり返ったように、戦後安保体制の下で日本は米軍の極東戦略と侵略戦争に加担する体制をつくってきたが、憲法九条とそれに基づく運動が強制した制約によって、自衛隊が武力行使を含めアメリカの戦争に直接加担することはできなかった。今回の戦争法案はこれを突破することをめざしたものだからである。

第一期に、安保闘争で改憲を断念させられた自民党政権は、第二期に入り九条の下で自衛隊の維持存続をはかることを余儀なくされた。そのために、自衛隊の活動に厳しい制約をかけざるを得なくなったのである。

憲法九条の下での自衛隊合憲を言うべく政府が展開した論理が、いわゆる自衛力論であった。自衛隊は「自衛のための必要最小限度の実力」であるから憲法九条が禁止している「戦力」ではないという議論である。

ところが、安保闘争に立ち上がり岸政権を倒し、明文改憲の動きを断念させた国民の世論や六〇年代の平和運動は、こうしたつじつま合わせの「解釈」を認めなかった。当時はベトナム侵略戦争のさなかであったから、自衛隊を違憲とする憲法裁判（長沼訴訟や恵庭裁判）や、国会での社会党・共産党、さらに当時は公明党も含めて、自衛隊の活動はアメリカの戦争に加担する軍隊であるという追及がなされた。

さらに沖縄返還のときの基地の存続、強化に反対する運動も加わって、安保や自衛隊違憲の声が盛り上がる中、追い詰められた政府は、「集団的自衛権の行使は認められない」という「七二年見解」を出すことで、「自衛隊違憲論」を切り抜けようとした。つまり、自衛隊は、日本が攻められたときにそれを撃退することは許されるが、他国の戦争に自衛隊が加担して武力行使をする集団的自衛権行使は違憲だという解釈である。集団的自衛権の行使をしないことで自衛隊の合憲を認めてもらうというのが、第二期における政府と運動との力関係だったのである。

## 九〇年代以降のせめぎあい

九〇年代以降、アメリカの圧力に基づいて自衛隊の海外派兵、米軍の戦争加担をおこなう場合でも、自民党政権は、この制約の下ですすめざるを得なかった。

イラク派兵のとき、政府は、以下の理屈で自衛隊の海外出動を強行した。集団的自衛権の行使は認めない、海外派兵は認めないという解釈は変えない。しかし自衛隊の海外への出動全般が認められないわけではない。武力行使を目的とする海外への出動＝「派兵」は認められないが、武力行使以外の人道復興支援などを目的とする海外への出動＝「派遣」は認められる。また、「武力行使と一体化した活動」はできないので戦場には行けないが「非戦闘地域」には行くことができる、「サマーワもバグダッドも非戦闘地域だから行きます」という形で突破をしたのである。

国民の側から見れば、イラク派兵は許したが、自衛隊が海外で戦闘をして殺し殺されることは、かろうじて阻んできた。この制約をなんとしてでも突破するというのが今回の戦争法の狙いであった。その意味では、戦争法は国民の側から見れば大転換にほかならなかったのである。

## 二　戦争法廃止の二つの意義

### 戦争法廃止の二つの意義

現在、安倍政権による立憲主義を踏みにじった戦争法の強行に対決し、戦争法廃止の国民連合政府の提案がなされ、真摯な検討がすすめられている。今までの検討で明らかにした戦争法の二重の画期を踏まえると、この戦争法の廃止は、大きく二つの意義を持つということができる。

一つは言うまでもなく、自衛隊が海外で戦争しないできた体制を守るという意義である。戦後自民党政権の下でも維持されてきたこの「戦争しない国」を守るということは大きな意義がある。

戦後日本が他国に侵略や武力行使をしなかった結果、アジア・太平洋戦争の終結以後に生まれ、自国の侵略戦争も自国が侵略された経験も持たない人々がすでに八割を占めるに至った。

こうした〝異常〟とも言える国を守り維持することは、そのことだけで、二一世紀のアジア、世界の平和への大きな貢献となる。

## 日米安保体制見直しへの一歩

しかし、戦争法を廃止するということは、それに止まらない、もう一つの意義を持つことを見逃してはならない。戦争法を廃止することは、一九五〇年代初頭以来六〇年以上にわたり、ジグザグはありながら強化されてきた日米安保体制にも大きな打撃を与えざるを得ない、その見直しの問題提起とならざるをえないという意義である。

日米安保体制を三階建ての建物とみなすと、戦争法は四階を新築した、だから、戦争法の廃止は、新築の四階部分だけを取り除くだけで、その結果、今まで建っていた三階建ての建物は安泰とみえるかもしれないが、そんなことは実際にはあり得ない。実は三階までの部分と四階は、アメリカの世界戦略の遂行とそれへの日本の加担という目的に向けて緊密に組み合わされてつくられているため、四階だけをちょん切ることなどできない、もしそれをやれば、建物全体に甚大な影響が出ることは免れないからだ。

安倍政権になって以降だけでも、アメリカの戦争に全面的に加担し一体化するための施策、つまり戦争法の先取りとしての施策がいくつもとられてきた。日米共同作戦態勢の実施に不可欠な米軍の秘密保持のため、特定秘密保護法が制定され、また日米共同軍事行動のための自衛隊の装備・編成の再編も、二〇一三年の防衛計画の大綱の改定でおこなわれた。米軍の戦略に応じた米軍基地の再編もすすみ、辺野古新基地建設もすすめられてきた。そして、日米の共同作戦態勢を具体化した一五年ガイドラインが締結された。戦争法はこの新ガイドラインの実施に不可欠の法律としてつくられたのである。戦争法の制定の前からそれを見越して緊密な計画が立てられ、戦争法の施行を前にすでに日米共同司令部の設置も決められた。

こうした中で戦争法の廃止がおこなわれるようなことがあれば、新ガイドラインの実行は事実上不可能になるだけでなく、新ガイドライン――戦争法を前提におこなわれている自衛隊の装備・編成の再編も、根本的な見直し、打撃を受けざるを得ない。

戦争法廃止の政府ができれば、戦争法とクルマの両輪である辺野古新基地建設が何らかの形で見直されることになろう。少なくとも沖縄県民が「ノー」と言っている基地建設の強行は停止、再検討されるに違いない。

新ガイドライン実行のために日米共同の司令部として強化されている横田や座間の基地見直しも不可避であろう、日米安保体制の根幹である米軍基地全体が、見直されざるを得なくなるであろう。

戦争法廃止の政府は、また、今まで歴代政権がサボってきた自衛隊のイラク派兵やインド洋海域への派兵の検証もおこなうであろうし、またソマリア海域での自衛隊の活動も、検証、見直しがおこなわれることは必定だ。

日本は今までたしかに自衛隊を海外での武力行使に参加させることだけは防いできたが、言葉の真の意味で「戦争しない国」九条の生きる国をつくってきたわけではなかった。ベトナム侵略戦争は日本の米軍基地がなければ実施できなかったし、アメリカのイラク戦争へも全面的に加担してきた。沖縄の米軍基地はそうした「戦争加担国」日本の象徴なのである。また日本外交は、ただの一度も憲法九条を掲げてアジアの平和構築にリーダーシップを果たしたことがないどころか、アメリカの戦争や核政策を常に支持し続けてきた。

戦争法廃止は、そうした戦後安保体制を検証し、見直し、九条に基づいてそれを変えていく大きな転換点となるであろう。

## 戦争法廃止という巨大なプロジェクト

逆に言うと、それだけに戦争法廃止の共同に対しては、アメリカや自民党の側からの猛烈な干渉や介入が不可避である。たとえ共同が前進しその共同のうえにできても、戦争法の廃止に対しては外務省、防衛省はさまざまな抵抗、妨害に力を尽くすであろう。そうした妨害に負けずに政府が戦争法を廃止するには、強い国民の団結と意思がなければならない。

私の師奥平康弘は、晩年になって、九条の会よびかけ人に参加する頃から「憲法九条は未完のプロジェクト」と繰り返し発言した。その伝にならえば、戦争法廃止は、「戦後日本の巨大なプロジェクト」である、と言えよう。しかもこのプロジェクトは、憲法という未完のプロジェクトの実現の第一歩となるものだ。

戦争法廃止は、そのこと自体は、現状を維持する「保守」の課題であるが、アジアと日本の平和な未来を切り拓くにはこの道を通る以外にはない。

# あとがき

本書は、第二次安倍政権が集団的自衛権行使容認の閣議決定を強行した直後から戦争法を強行した直後までに筆者が書いた論文のうち五本を選び加筆した論文集である。論文集であるため、重複箇所の削除と加筆をおこなったが、依然重複が多いことをお許しいただきたい。

「第Ⅰ部　安倍政権・戦争法案への道」に収録した二つのうち、第一章は、「安倍政権の改憲・軍事大国化構想の中の集団的自衛権」という題で『別冊法学セミナー　集団的自衛権容認を批判する』日本評論社、二〇一四年八月刊に収録された論文、第二章は、「安倍内閣と改憲策動の新段階」という題で『前衛』二〇一五年五月号、所収の論文を柱にしている。いずれも、戦争法案の国会提出前の論文である。重複を避けるため二本は、大幅に編集してあるので原型を止めていない。またこの二本はいずれも、ですます調であるが、これをである調に直した。

「第Ⅱ部　歴史をふり返る―戦後史の中の戦争法」に収録した二つのうち、第三章は「日本国憲法をめぐる攻防の70年と現在」という題で『法と民主主義』五〇〇・五〇一号、二〇一五年七・八・九月号所収の論文、第四章は、「戦後日本の岐路で何をなすべきか」という題で『世界』

二〇一五年六月号に収録された論文である。第四章は法案提出前、第三章は衆院審議中の執筆である。第三章所収の論文は字数の制約で書けなかったところを大幅に加筆した。

「第Ⅲ部　岐路に立つ日本―戦争法案反対運動の切り拓いた地平」に収録した第五章は、「戦争法案反対運動の到達点と『戦争する国』づくり阻止の展望」と題して、『月刊全労連』二〇一五年一二月号に所収の論文である。本論文は、戦争法強行採決後の論文である。このうち、戦争法強行後の安倍政治の部分は若干加筆した。

終章は、雑誌『経済』のインタビュー「戦後安保体制の大転換と安倍政権の野望」二〇一五年一一月号所収、の冒頭部分を使った。

*

筆者の安倍首相とのつき合いは長い。すでに、第一次安倍政権の時に危機感を持って『安倍政権論』旬報社、二〇〇七年八月、を出版した。ところが、本の刊行後わずか一カ月で安倍政権は退陣し、改憲の危険はひとまず去った。二〇一二年一二月、安倍首相が復活を果たして以降、筆者は、九〇年代以降の保守支配層の宿願の達成をめざす容易ならぬ政権であると感じ、すでに三冊の本、論文で安倍政権の政治を検討した。『安倍政権と日本政治の新段階』旬報社、二〇一三年五月刊、『安倍政権の改憲・構造改革新戦略』旬報社、二〇一三年一〇月刊、そして、第二次安倍政権の輪郭が定まった二〇一四年の秋に、岡田知弘、後藤道夫、二宮厚美と共著で刊行した『大国への執念―安倍政権と日本の危機』大月書店、二〇一四年一〇月刊である。復活安倍政権については、これが四冊目、第一次安倍政権も加えれば、五冊目である。すでに『大国への執念』で、安倍首相の二つの顔、大国への野望、安倍大国政治の三つの柱、安倍官邸を支える三勢力など、筆者の安倍政権論の輪郭を示したので、本書はその応用編にあたる。

こうして、いつの間にか安倍晋三は筆者がもっともたくさん言及した政治家になってしまった。それは、安倍が、筆者の私淑する歴史家、服部之総が言うような「傾倒することのできる人物」だからではない。もちろん歴史家たる服部が「傾倒することのできる」とは通例の意味合いとは大いに異なる。「たれにも好き嫌いはあるものだが、明治大正の歴史をひもどいて、傾倒することのできる人物――わたしのばあいは、歴史家であるから、好きも嫌いも傾倒も直接的・感性的なものではなく、全力をあげて書いてみたいという衝動のうえのことではあるが――といえば、大久保利通・星亨・原敬の三人くらいのものである」と(『明治の政治家たち』岩波新書、上巻、まえがき)。筆者は、安倍晋三を、この服部が言うような意味合いでの「傾倒する人物」とはかけ離れたところで、いわば、いやいや、検討してきた。にもかかわらず、安倍晋三は、たんなる右翼の政治家として見過ごすことのできない容易ならぬことを強行しつつある。安倍の懐抱する偏狭なイデオロギーとそのイデオロギーに裏打ちされた大国への野望が、支配層が求めて止まなかったにもかかわらず歴代政治家が逡巡して達成できなかった二つの事業――軍事大国化と新自由主義改革を二つながらに強行する野蛮な情熱を生みだしている点に、安倍晋三、安倍政権の容易ならぬ重大性の原因があるのではないか。

本書も、戦争法案反対の運動で走り回りながら書いたものであった。戦争法案が国会に出た五月以降この一一月まで講演だけでも七〇回を超えた。本書はその一回一回の講演で少しずつ修正継ぎ足して検討した結果できあがった、その意味では講演の産物である。

本書も、いちいちお名前を挙げないが、九条の会事務局のメンバーをはじめ多くの人々との共同の経験や議論がなければできなかった。

そんな忙しくせわしない中、本書をまとめることができたのは、かもがわ出版の会長三井隆典さんのまことにしつこい要請があったからだ。電話に出ないようにしていたが、あまりの攻勢に根負けしたためである。このしつこい依頼がなければ間違いなくこの本は生まれなかったので、三井さんには感謝している。

第二幕を迎えるにあたり、できるだけ多くの読者に読んでもらいたいと思う。

二〇一五年一一月　　憲法五三条の規定を無視して、安倍政権が臨時国会を逃げ回っているさなかに

渡辺　治

**渡辺　治**（わたなべ・おさむ）

一橋大学名誉教授、政治学、日本政治史。1947年、東京生まれ。東京大学法学部卒、東京大学助教授を経て、2010年まで一橋大学社会学部教授。日本民主法律家協会理事長（2011～14）、九条の会事務局などを歴任。著書に、『日本国憲法「改正」史』（日本評論社）『高度成長と日本社会』（吉川弘文館）『構造改革政治の時代』（花伝社）『渡辺治の政治学入門』（新日本出版社）『安倍政権論』『安倍政権と日本政治の新段階』『憲法改正問題資料集上・下』（以上、旬報社）『憲法9条と25条—その力と可能性』（かもがわ出版）『講座現代日本1現代日本の帝国主義化』『講座戦争と現代1新しい戦争の時代と日本』『大国への執念—安倍政権と日本の危機』（共著、大月書店）など多数。

現代史の中の安倍政権—憲法・戦争法をめぐる攻防

2016年1月25日　第1刷発行
2016年5月3日　第2刷発行

著　者　© 渡辺治
発行者　竹村正治
発行所　株式会社かもがわ出版
〒602-8119　京都市上京区堀川通出水西入
TEL075-432-2868　FAX075-432-2869
振替 01010-5-12436
ホームページ http://www.kamogawa.co.jp
製　作　新日本プロセス株式会社
印刷所　シナノ書籍印刷株式会社

ISBN978-4-7803-0820-4 C0031